PARADISI FISCALI

indice

Introduzione

CAPITOLO I: Elusione ed evasione fiscale, *p. 7*

CAPITOLO II: Residenza fiscale ed esterovestizione, *p. 15*

CAPITOLO III: Potestà impositiva e reddito transnazionale, *p. 29*

CAPITOLO IV: Tax haven e sistema offshore, *p. 32*

CAPITOLO V: Transfer pricing e imprese controllate, *p. 50*

CAPITOLO VI: Paradisi fiscali: riciclaggio e cifre, *p. 54*

CAPITOLO VII: Contrasto al fenomeno offshore, *p. 63*

CAPITOLO VIII: Posizione italiana e worldwide taxation, *p. 69*

CAPITOLO IX: Organismi e politiche sovranazionali, *p. 104*

CAPITOLO X: Riciclaggio internazionale, *p. 113*

Conclusione

Introduzione

Nel mondo vi sono alcune aree geo-politiche nelle quali i livelli di imposizione fiscale sono così bassi da far meritare a queste zone l'appellativo di "paradisi fiscali".

La proliferazione di attrattive per i capitali circolanti, così come le offerte e i servizi (non solo finanziari e bancari) provenienti da questi Paesi è aumentata a dismisura con la globalizzazione.

Contestualmente all'aumento "quantitativo" delle zone che offrono servizi *offshore* in piena segretezza e riservatezza, stiamo assistendo ad un cambiamento storico e "qualitativo" dei Paesi e dei territori che rientrano nella categoria dei paradisi fiscali.

Se un tempo, infatti, i paradisi fiscali si identificavano con atolli ed isole sperdute nei mari esotici del pianeta, ora si localizzano all'interno degli Stati più evoluti e industrializzati, come fossero "stati negli stati".

Più in generale, il sistema *offshore* ormai è nella realtà che ci circonda; più della metà del commercio mondiale passa attraverso i paradisi fiscali e oltre la metà di tutti gli attivi bancari ed un terzo dell'investimento diretto delle multinazionali mondiali vengono dirottati *offshore*.

Alla luce di una simile situazione (e organizzazione) della finanza mondiale, ci accorgiamo di come la questione strettamente fiscale sia in realtà quella meno compromettente; trattare, infatti, il problema *offshore* esclusivamente in termini di elusione o di evasione fiscale significa trascurare la maniera in cui le fughe di capitale finanziario permettono il finanziamento di organizzazioni, società e strutture attraverso le quali è sempre più facile dominare gli Stati di diritto e gestire al di fuori della legge le loro politiche private.

Frodare il fisco non si riduce più, quindi, ad una riduzione dei costi: consiste invece nel danneggiare le istituzioni pubbliche e, di conseguenza, la stessa nozione di bene pubblico, per costituire *offshore* dei poli di decisione occulta su questioni di portata storica.

Lo Stato di diritto, come lo si intende, è irriconoscibile quando, risolutamente addomesticato, diventa, nelle mani degli attori finanziari, un'ulteriore opportunità che conferisce loro una sovranità offshore sugli affari del mondo.

"Crimine" e "illegalità" sono termini di scarsa rilevanza quando tutto ciò che indicano diventa permesso o addirittura incoraggiato nelle giurisdizioni *offshore* di cui si riconosce, peraltro, la piena sovranità e che talvolta sono membri di diritto dell'Unione Europea o condividono, con riconosciuti Stati di diritto, un posto nelle istituzioni della banca mondiale.

Possiamo senza pericolo di smentita e senza alcun disincanto, che il sistema *offshore*, è al giorno d'oggi il centro di tutti i giochi di potere ed in particolare del potere politico.

Analizzeremo il fenomeno spinti da spirito di curiosità e d'avventura, iniziando con la descrizione dei principali concetti del diritto tributario nazionale ed internazionale e con la descrizione concettuale dei paradisi fiscali, nelle diverse declinazioni di paradisi "fiscali", "societari", "bancari" e "penali".

Cercare di nascondere i propri redditi al fisco, pur essendo una prassi deplorevole e, talvolta, anche un delitto per il diritto tributario penale, non è, comunque, considerato, nell'immaginario collettivo, così pericoloso quanto il celare flussi di denaro, cosiddetti "sporchi" alle autorità giudiziarie e di polizia.

I paradisi fiscali, pertanto, possono essere utilizzati sia per nascondere redditi percepiti legittimamente ma con il fine di sfuggire all'imposizione fiscale, sia per nascondere redditi illeciti derivanti da veri e propri crimini, socialmente pericolosissimi e perseguiti a livello internazionale, come il traffico di armi, di droga, di organi, il contrabbando, ecc.

Ma il confine tra le due condotte, quella del ricorso al paradiso fiscale "classico" per una mera elusione (od evasione) fiscale e quella del finanziamento illecito alle economie criminali, come vedremo, è spesso labile ed anzi, spesso tali condotte si intrecciano in una sola, di difficile individuazione e separazione.

Nella storia i fenomeni *offshore* sono stati contrastati, a fasi alterne dai paesi industrializzati e dagli organismi internazionali, come fece il presidente Kennedy nel 1961[1] e come fanno ora il G8[2], il G20[3], l'OCSE[4] e il FATF-GAFI (Financial Action Task Force - Groupe d'Action Financière)[5].

Come si appaleserà in questa trattazione, in definitiva, i paradisi fiscali altro non sono che lo specchio della globalizzazione mondiale e dei tempi in cui vive la società odierna, le cui interazioni sociali, economiche e finanziarie sono divenute velocissime e frequentissime, grazie alla tecnologia informatica.

---

[1] Anno in cui il presidente degli Stati Uniti J. F. Kennedy chiese al Congresso di approvare una legge per spazzar via i paradisi fiscali "dalla faccia della terra".

[2] Il G8 è un forum dei governi delle otto principali potenze industrializzate: Stati Uniti, Giappone, Germania, Francia, Regno Unito, Italia, Canada, e dal 1998, la Russia.

[3] Il Gruppo dei 20 (o G20) è un forum composto dai ministri delle finanze e dei governatori delle banche centrali, creato nel 1999. Del G20 fanno parte i 19 paesi più industrializzati ad eccezione di Svizzera, Spagna e Paesi Bassi, con la presenza dell'Unione europea.

[4] L'Organizzazione per la cooperazione e lo sviluppo economico (OCSE) o Organisation for Economic Co-operation and Development - OECD e Organisation de coopération et de développement économiques - OCDE è un'organizzazione internazionale di studi economici per i paesi membri, aventi in comune un sistema di governo di tipo democratico ed un'economia di mercato.

[5] Il GAFI è un organismo intergovernativo, sorto nel 1989, allo scopo di promuovere politiche per il contrasto del riciclaggio di denaro di provenienza illecita e del finanziamento al terrorismo.

La linea di demarcazione che fa da spartiacque fra i principi ispiratori del diritto nazionale ed internazionale e l'esigenza di denaro pubblico da parte degli stati, coincide spesso con la linea di confine che separa il "pattern" della c.d. elusione fiscale, meno pericolosa, ma non per questo meno dannosa, da quello dell'evasione fiscale.

Elusione ed evasione fiscale rappresentano due termini differenti concettualmente e giuridicamente ma, in sostanza combacianti, soprattutto in relazione al danno erariale causato, se accostati alla loro inerenza con i paradisi fiscali.

I concetti di elusione ed evasione fiscale sono le "chiavi" principali ed essenziali per esaminare e cercare di comprendere il fenomeno dei paradisi fiscali (almeno nella sua accezione classica) e per questo motivo ci accompagneranno per gran parte della nostra trattazione e del nostro viaggio, virtuale, nei paradisi fiscali.

Tutto ciò permetterà di immaginare l'orizzonte che si profila nel contrasto ai paradisi fiscali, un orizzonte gattopardesco in cui tutto sembra cambiare per poi non cambiare mai, perché i paradisi fiscali, altro non sono che lo specchio del nostro tempo e del nostro vivere quotidiano.

Luglio 2013

A mamma Margherita e a papà Renato †

CAPITOLO I

Elusione ed evasione fiscale

Prima di addentrarci nella disamina e nella differenziazione dei due concetti chiave dell'elusione e dell'evasione fiscale, comportamenti che vanno di pari passo con il fenomeno dei paradisi fiscali e del sistema *offshore*, fissiamo la nostra attenzione innanzitutto su alcuni principi fondamentali del diritto tributario nazionale ed internazionale: il principio della generalità ed universalità del tributo, il principio dell'eguaglianza del carico fiscale ed il principio della capacità contributiva in quanto l'elusione e soprattutto l'evasione fiscale, in definitiva, vanno, rispettivamente ad "aggirare" e a ledere proprio questi principi fondamentali[6] appena enunciati.

Il "principio della generalità o dell'universalità del tributo" si ricava dall'art. 53 della Costituzione, in base al quale: "*tutti sono tenuti a concorrere alle spese pubbliche in ragione della loro capacità contributiva*".

Il termine "tutti" si riferisce non solo ai cittadini italiani residenti ma anche agli stranieri e agli apolidi che operano sul territorio dello Stato italiano e che realizzano i presupposti di legge necessari per essere soggetti all'imposizione fiscale

---

[6] Gallo Sergio, (2010), Elementi di diritto tributario, Edizioni Simone, Napoli, pag. 10 e segg.

vigente in Italia; tale termine, inoltre, si rivolge alla generalità delle imprese individuali e collettive, sia nazionali che straniere.

Il "principio dell'eguaglianza del carico fiscale" se appare chiaro nel suo significato e nella sua accezione più generale, è di difficile realizzazione dal punto di vista sostanziale. Mentre, infatti, tutti sono concordi nel ritenere che le imposte *"debbano essere distribuite equamente, nel senso che a parità di condizioni economiche i soggetti debbono sopportare parità di gravami tributari"*, si discute sul come attuare, nella pratica, tale principio. Il "principio della capacità contributiva" infine, è garantito anch'esso dal citato articolo 53 della nostra Carta Costituzionale che, in sostanza, pone una garanzia per i soggetti passivi. Tale articolo dispone, infatti, che il legislatore nel determinare i tributi debba tener conto della loro capacità contributiva, ponendo pertanto un limite alla potestà impositiva statuale in materia fiscale.

Elusione fiscale ed evasione fiscale rispettivamente "aggirano" e violano in primis questi principi fondamentali, vediamo in che modo e in che misura.

L'elusione, formalmente, rispetta le norme tributarie ma le aggira, le "evita", nel loro aspetto sostanziale; ad esempio si parla di elusione fiscale quando, pur nel rispetto di una "legittimità formale", si sfruttano le carenze normative per evitare l'accertamento fiscale ed il pagamento dei tributi dovuti agli Stati sovrani.

Con l'elusione, quindi, il contribuente mira ad evitare il prelievo tributario a suo carico ricorrendo ad opportune "scappatoie", spesso e volentieri, al limite della legalità.

Contrariamente all'evasione, l'elusione non è, sulla carta, illegale ed infatti il diritto non la considera *"contra legem"*, bensì *"extra legem"*.

Quando, infatti, l'obiettivo pratico perseguito dai contribuenti può essere raggiunto utilizzando indifferentemente una pluralità di regimi giuridici tra loro fungibili, la scelta avviene anche in funzione del trattamento fiscale.

In questi casi si parla di lecito "risparmio di imposta", come ad esempio la realizzazione di uno stabilimento industriale nel territorio di una regione ove vi sia il beneficio di agevolazioni fiscali, il diritto dell'esercizio d'impresa in forma societaria anziché in forma di impresa individuale, in forma di società di capitali piuttosto che in forma di società di persone; posticipare l'incasso di una vendita di qualche giorno fino all'inizio dell'anno successivo per differire di un anno l'imposizione, ecc.

Al fine di contrastare il fenomeno elusivo, in Italia è in vigore una norma, cosiddetta generale: l'articolo 37-bis del

D.P.R. n. 600/1973, secondo la quale non sono opponibili all'amministrazione finanziaria gli atti, fatti e negozi, anche collegati tra di loro, che siano contemporaneamente: privi di valide ragioni economiche, diretti ad aggirare norme tributarie e volti ad ottenere una riduzione del carico fiscale altrimenti indebita; l'elusione, perché non "sconfini" nell'evasione deve, quindi, contenere contestualmente tali componenti.

Per arginare, altresì, i comportamenti elusivi e favorire i rapporti tra contribuente e fisco, è stato introdotto nel nostro ordinamento il "diritto d'interpello"[7] (c.d. *"Tax ruling"*) attraverso il quale il contribuente può ottenere risposte dall'amministrazione finanziaria sulla correttezza o meno di determinati comportamenti, in particolare su casi di interposizione fittizia, operazioni e comportamenti elusivi e la qualificazione di determinate spese tra cui quelle di pubblicità e propaganda, ovvero di rappresentanza.

La problematica inerente l'elusione fiscale, solitamente ricondotta all'interno dei confini ordinamentali nazionali, può ovviamente essere estesa al di là di tale prospettiva in un'ottica internazionale e/o comunitaria.

---

[7] Con l'articolo 11 della legge n. 212 del 2000 (Statuto dei diritti del contribuente)

Questa nuova prospettiva sovranazionale si giustifica in relazione all'accresciuto e crescente ruolo giocato dalla variabile fiscale rispetto al fenomeno dell'internazionalizzazione delle attività economiche.

In un ambiente, caratterizzato da una sempre maggiore integrazione internazionale, infatti, le imprese e gli imprenditori si trovano di fronte ad un numero sempre maggiore di alternative percorribili, nonché ad una crescita delle opportunità, per le quali la variabile fiscale assume un peso spesso rilevante.

Quindi, se è vero che le scelte di investimento e di disinvestimento non vengono effettuate sulla base di mere considerazioni di natura fiscale, è altrettanto vero che i differenziali impositivi esistenti nei vari paesi sono stati oggetto di crescente attenzione da parte degli addetti al planning delle imprese multinazionali, in quanto fonte di rendita posizionale determinante per la minimizzazione dei costi e per il successo competitivo[8].

Alla luce di quanto sopra, è evidente, grazie anche al fenomeno della globalizzazione che parlando di elusione, ormai si può distinguere tra un'elusione di tipo interno ed una di tipo esterno (c.d. elusione tributaria internazionale).

---
[8] Contrino Angelo, (1996), Elusione fiscale, evasione e strumenti di contrasto, Cisalpino, Bologna, pag. 49

L'elusione tributaria internazionale si realizza secondo modalità similari al *"tax saving"* interno, perché si realizza generalmente astenendosi dal realizzare un comportamento fiscalmente rilevante in un dato paese, comportamento che verrà poi posto in essere in un diverso paese a più elevato *"tax appeal"*.

In sintesi, le differenze principali dell'elusione interna rispetto all'elusione internazionale sono riconducibili al fatto che, mentre la prima si svolge nell'ambito di uno stesso ordinamento interno, la seconda coinvolge una pluralità di ordinamenti.

L'evasione fiscale, invece principalmente consiste nell'occultare proventi o nel dedurre costi inesistenti (ad esempio false fatture per costituire fondi neri).

L'evasione può, però, avvenire anche senza ricorrere alla falsa fatturazione, ad esempio, attraverso operazioni di vendita effettuate senza emissione di fattura o di ricevuta o di scontrino fiscale (c.d. vendite in "nero"), con mancato versamento dell'imposta.

Trattasi in questo caso di metodi volti a ridurre o eliminare il prelievo fiscale, non più "aggirando" come nel caso dell'elusione fiscale, bensì, violando specifiche norme dell'ordinamento tributario.

Appare evidente che anche il semplice fatto di istituire una società, un'industria, un ufficio di servizi in uno stato in cui la pressione fiscale è inferiore a quella italiana, anche volendo intendere tale fatto come elusione e non come evasione fiscale, focalizza immediatamente l'attenzione su due aspetti, due facce della stessa medaglia che non sono scindibili tra loro: il primo aspetto è che sicuramente la scelta di istituire il punto di commercio di beni o di servizi in un altro territorio provocherà un mancato introito fiscale per l'erario italiano sia che si tratti di elusione fiscale sia che si tratti di illecita evasione fiscale; il secondo è che, rispetto all'Italia, quel territorio, grazie ad una tassazione inferiore, rappresenta già di per sé un paradiso fiscale, seppur "primordiale".

La differenza quindi tra elusione ed evasione fiscale è estremamente delicata e controversa perché tra i due concetti esiste una vasta area "grigia" e spesso sono necessarie lunghe e snervanti cause in tribunale per capire e scoprire fino a che punto l'esenzione fiscale di cui si avvale, ad esempio, una multinazionale abbia forzato i confini della legge e se forzati, lo abbia fatto con l'intento di frodare il fisco o, semplicemente, con quello di evitarlo.

L'ex Ministro britannico Denis Healey[9] ha fornito con chiarezza la linea di demarcazione fra elusione ed evasione fiscale, spiegando che "la distinzione tra l'elusione e l'evasione fiscale è spessa quanto il muro di una prigione[10]", lasciando intendere, con il classico "senso dell'humor" britannico che, in definitiva, la differenza tra i due comportamenti (elusivo ed evasivo) può essere stabilito solo da un Giudice ed ha come conseguenza la libertà (nel caso di comportamento elusivo) o il carcere (nel caso di evasione fiscale).

C'è, però, da considerare il fatto che ciò che è legale, come ad esempio l'elusione, non è detto che sia anche giusto: in passato, ad esempio, pratiche come l'apartheid e lo schiavismo, ed ancor prima ad esempio la tortura dei prigionieri, erano considerati perfettamente legali.

Attualmente, come vedremo specificatamente nel prosieguo, la disciplina nazionale ed internazionale di diritto tributario volta al contrasto delle pratiche elusive è quella delle cosiddette *"Cfc rules"* (*Controlled Foreign Companies*); disciplina contenuta a livello normativo nazionale nel Testo unico delle imposte sui redditi (TUIR)[11], raccolta normativa fondamentale nello studio che ci occupa in questa trattazione.

---

[9] Denis Healey (Mottingham, 30 agosto 1917) è un politico inglese. Attualmente è membro della Camera dei Lords.
[10] Shaxson Nicholas, (2012), Le isole del tesoro. Viaggio nei paradisi fiscali dove è nascosto il tesoro della globalizzazione, Feltrinelli editore, Milano, pag. 31
[11] T.U.I.R.: Testo Unico delle Imposte sui Redditi – D.P.R. del 22 Dicembre 1986 n. 917.

Il fenomeno dei paradisi fiscali, però, è molto più complesso e comprende in esso non soltanto problematiche relative alla tassazione, ma altresì una scarsa o inesistente collaborazione e scambio di informazioni con gli altri Stati, un rigido segreto bancario ed altre caratteristiche che esamineremo nel prosieguo.

CAPITOLO II
Residenza fiscale ed esterovestizione

Per comprendere il fenomeno che ci occupa non può prescindersi dall'esaminare i concetti di residenza fiscale, sede legale ed amministrativa, il concetto di oggetto principale dell'attività, così come la disciplina normativa tributaria che regola tali concetti; vediamoli nel dettaglio.

Avere bene a mente cosa si intenda con il termine "residenza fiscale delle persone fisiche e giuridiche" è antefatto indispensabile per poter intraprendere, spinti da spirito d'avventura, il "viaggio" nei paradisi fiscali, così come per capire, a livello normativo, la struttura base su cui si fonda l'impianto normativo tributario dello Stato italiano.

Il concetto di residenza fiscale delle persone fisiche, secondo la legge tributaria italiana, è regolata e stabilita dall'articolo 2 del Testo Unico delle Imposte sui Redditi, che così recita:

Comma uno: *Soggetti passivi dell'imposta sono le persone fisiche, residenti e non residenti nel territorio dello Stato.*

Comma due: *Ai fini delle imposte sui redditi si considerano residenti le persone che per la maggior parte del periodo di imposta sono iscritte nelle anagrafi della popolazione residente o hanno nel territorio dello Stato il domicilio o la residenza ai sensi del codice civile.*

Comma due-bis: *si considerano altresì residenti, salvo prova contraria, i cittadini italiani cancellati dalle anagrafi della popolazione residente ed emigrati in Stati o territori aventi un regime fiscale privilegiato, individuati con decreto del Ministro dell'economia e delle finanze da pubblicare nella Gazzetta Ufficiale.*

I commi indicanti le condizioni, sono tra loro alternativi; quindi anche la sussistenza di uno solo di essi è sufficiente a ritenere che un soggetto, ai fini fiscali, sia residente nel territorio dello Stato italiano.

Appare evidente, leggendo il comma due-bis che gli Stati o i territori a regime fiscale privilegiato, sono da identificare con i paradisi fiscali e che tale comma ha la funzione, in primis, di contrastare il fenomeno di cui ci occupiamo in questa trattazione.

Tornando alla norma, le nozioni cui occorre fare riferimento sono quelle previste dal codice civile, che nell'articolo 43 stabilisce che *"il domicilio di una persona è nel luogo in cui essa ha stabilito la sede principale dei suoi affari e interessi. La residenza è nel luogo in cui la persona ha la dimora abituale"*.

Mentre, quindi, la residenza è legata alla permanenza continuativa del soggetto in un luogo in maniera abbastanza stabile e all'intenzione di dimorarvi (dato oggettivo); il domicilio è dato dalla concentrazione in un determinato luogo degli affari e interessi della persona senza che occorra la sua presenza effettiva in quel luogo (dato oggettivo) nonché dalla volontà di costituire e mantenere in quel luogo il centro principale della generalità dei rapporti (dato soggettivo).

La nozione di interessi cui occorre fare riferimento, in passato limitata al settore economico e patrimoniale del soggetto, deve intendersi riferita, per unanime interpretazione giurisprudenziale, ora anche alla sfera morale, sociale e familiare del soggetto (la sentenza contro il cantante lirico e tenore Luciano Pavarotti, in questo, ha fatto scuola[12]).

In relazione all'aspetto temporale, il criterio adottato dal legislatore è quello di prevalenza temporale nel corso del periodo d'imposta; periodo d'imposta che a mente

---

[12] Luciano Pavarotti perse nell'aprile del 1999 il ricorso contro il fisco, quando i giudici tributari di primo grado ritennero infondato l'appello del tenore circa la sua residenza a Montecarlo, che gli avrebbe dovuto garantire il diritto di non pagare le tasse in Italia. I giudici sostennero che tale trasferimento di residenza in un paradiso fiscale, non fosse che "un trasferimento fittizio di residenza" avente il solo scopo di evadere le tasse.

dell'articolo 7 del Testo Unico delle Imposte sui Redditi, è l'anno solare.

Poiché la norma fa riferimento alla maggior parte del periodo, il criterio da adottare è quello di prevalenza numerica: sono considerati residenti i soggetti che si sono trovati in una delle condizioni indicate per almeno 183 giorni (184 giorni negli anni bisestili); nell'ipotesi di variazioni susseguitesi nel corso dell'anno, non occorre che il periodo sia continuativo, ma può anche essere frazionato.

Ponendo l'attenzione al citato comma due-bis, cioè la condizione relativa alla residenza in un paradiso fiscale, se il cittadino italiano ha trasferito la propria dimora all'estero, occorre che egli provveda alla cancellazione dall'anagrafe tributaria e che contestualmente si iscriva all'anagrafe degli italiani residenti all'estero (AIRE)[13].

La presunzione di residenza, con possibilità di prova contraria da parte del contribuente, opererà quando, al verificarsi di tutte le altre condizioni previste dalla legge, egli si sia trasferito in Stati o territori a fiscalità privilegiata, così come inclusi nel relativo decreto del Ministro dell'economia e delle finanze (Decreto Ministeriale 4 maggio 1999).

---

[13] Anagrafe degli italiani residenti all'estero meglio nota con l'acronimo AIRE, è il registro dei cittadini italiani che risiedono all'estero. È stata istituita con la legge 470 del 27 ottobre 1988.

Tali stati o territori sono, quindi, inclusi in una lista dei paradisi fiscali, sulla quale torneremo nel prosieguo, aggiornata in conformità alle direttive dell'organizzazione per la cooperazione e lo sviluppo economico (OCSE) e degli altri organismi internazionali e/o comunitari.

Per quanto attiene, invece, alla residenza delle persone giuridiche (ad esempio società ed enti), occorre fare riferimento all'articolo 73 del Testo Unico delle Imposte sui Redditi (TUIR) che, nell'ambito della definizione di soggetto passivo d'imposta, afferma, al terzo comma, che *"ai fini delle imposte sui redditi si considerano residenti le società e gli enti che per la maggior parte del periodo di imposta hanno la sede legale o la sede dell'amministrazione o l'oggetto principale nel territorio dello Stato"*.

Anche per quanto concerne le persone giuridiche, la legge italiana considera, quindi, residenti in Italia le società e gli enti che, per la maggior parte del periodo d'imposta (183 giorni), hanno nel territorio dello Stato, in alternativa:

1. la sede legale;
2. la sede dell'amministrazione;
3. l'oggetto principale dell'attività.

Se uno dei tre elementi sopra indicati è localizzato in Italia, è irrilevante la circostanza che la società sia costituita all'estero.

Per stabilire se una società o ente è residente nello Stato occorrono tre verifiche.

La prima si effettua individuando la sede legale; la seconda, nel caso la stessa non sia in Italia, consiste nell'individuare la sede amministrativa; se anche quest'ultima non è localizzata nel nostro Paese, occorre fare riferimento all'oggetto principale dell'attività.

Se anche l'oggetto principale dell'attività non è individuabile all'interno del territorio dello Stato, la società o l'ente è certamente e giuridicamente dislocata o localizzata all'estero.

Avuto riguardo al concetto di residenza fiscale delle persone fisiche e giuridiche, assumono importanza le definizioni di sede legale, sede amministrativa e di oggetto principale dell'attività, vediamole di seguito.

In relazione all'individuazione della sede legale (detta anche "sede formale"), il Testo Unico delle Imposte sui Redditi non ne fornisce una definizione ma fa riferimento al concetto di sede, proprio del diritto internazionale privato e del codice civile, secondo cui il luogo in cui è stabilita la sede coincide, di norma, con il luogo dove si conclude il procedimento costitutivo, cioè la fase consistente nella costituzione della società.

Pertanto, in linea generale, per sede legale si intende la sede della società come da atto costitutivo o statuto; luogo che, successivamente, viene annotato nel registro delle imprese.

Può talvolta accadere che vi sia una discrasia tra la sede legale e la sede effettiva.

La giurisprudenza ha rilevato l'importanza della distinzione tra la sede effettiva e quella riportata nell'atto costitutivo che potrebbe anche essere considerata "simulata" quando non coincidente con la prima (sede effettiva).

La Corte di Cassazione, con la fondamentale Sentenza 22 gennaio 1958 n. 136, ha affermato che la sede effettiva della società deve considerarsi come *"il luogo in cui la società svolge la sua prevalente attività direttiva ed amministrativa per l'esercizio dell'impresa, cioè il centro effettivo dei suoi interessi, dove la società vive ed opera, dove si trattano gli affari e dove i diversi fattori dell'impresa vengono organizzati e coordinati per l'esplicazione ed il raggiungimento dei fini sociali"*.

La discrasia tra la sede formale (come da statuto) e la sede effettiva, può generare confusione verso i terzi che sarebbero, quindi, lesi nei propri diritti se facessero affidamento sulla sede formale riportata nello statuto o nell'atto costitutivo.

A tal riguardo interviene l'articolo 46, secondo comma, del codice civile stabilendo che *"Nei casi in cui la sede stabilita ai sensi dell'articolo 16 o la sede risultante dal registro è diversa da quella effettiva, i terzi possono considerare come sede della persona giuridica anche quest'ultima".*

Quindi il codice civile con la locuzione "sede" fa riferimento sia alla sede formale (legale) sia alla sede effettiva, con la conseguenza che l'avverbio "anche" assume un notevole peso specifico in quanto permette al terzo di essere tutelato, potendo considerare come sede della società anche quella effettiva in luogo della sede formale; la sede effettiva, quindi, non sostituisce la sede legale ma si aggiunge ad essa per tutelare i terzi.

Il Testo Unico delle Imposte sui Redditi invece, per "sede legale", come da articolo 73, intende soltanto la sede formale, fatta salva la facoltà dei terzi di considerare invece la sede effettiva ai fini civilistici.

Per sede amministrativa si intende, invece, il luogo in cui si svolge la gestione, che può essere desunta, ad esempio, dall'esistenza di uffici amministrativi oppure dall'indicazione sulle fatture; di conseguenza il concetto di sede effettiva e di sede amministrativa coincidono e costituiscono, unitamente al concetto di sede legale, il significato generale di sede.

L'individuazione della sede amministrativa non è così semplice, infatti per la determinazione di detta sede occorrono complessi accertamenti (*melius* criteri) finalizzati a stabilire il reale rapporto della persona giuridica con un dato territorio (che può essere diverso da quello indicato nell'atto costitutivo e nello statuto).

Il criterio base (o primario) è quello di individuare il luogo da cui effettivamente provengono gli impulsi volitivi per l'attività della società o dell'ente; la sede amministrativa è, quindi, il luogo ove si svolge l'attività amministrativa.

Elementi, quindi, come la cittadinanza, il domicilio o la nazionalità degli amministratori sono irrilevanti perché ciò che conta e ciò che fa fede è il luogo in cui essi si incontrano per prendere decisioni riguardanti la realizzazione dell'attività sociale.

Un secondo criterio da utilizzare per determinare la sede amministrativa è quello di individuare dove gli impulsi volitivi degli amministratori hanno concreta attuazione, ossia dove opera il *"top management"*.

Tale ricerca dovrà indirizzarsi dove la società svolge la sua prevalente attività direttiva ed amministrativa per l'esercizio dell'impresa, cioè il centro effettivo dei suoi interessi, dove la società vive ed opera, dove si trattano gli affari e i diversi fattori dell'impresa vengono organizzati e coordinati per l'esplicazione ed il raggiungimento dei fini sociali.

La Suprema Corte, con l'altrettanto fondamentale Sentenza 16 giugno 1984 n. 3604, ha affermato che la sede amministrativa è *"il luogo ove hanno concreto svolgimento le attività amministrative e di direzione dell'ente e si convocano le assemblee, e cioè il luogo deputato, o stabilmente utilizzato, per accentramento – nei rapporti interni con i terzi – degli organi e degli uffici societari in vista del compimento degli affari e della propulsione dell'attività dell'ente"*.

La sede amministrativa è, quindi, il luogo in cui è fissata la sede centrale di direzione, controllo ed impulso dell'attività economica e commerciale piuttosto che il luogo in cui tali operazioni sono eseguite.

Quando non sono localizzate in Italia né la sede legale, né la sede amministrativa, l'ultimo criterio a disposizione per stabilire la localizzazione della società o dell'ente in Italia è dato dal criterio residuale dell'oggetto principale dell'attività.

Per oggetto principale dell'attività si intende l'attività essenziale per realizzare direttamente gli scopi indicati dalla legge, dall'atto costitutivo o dallo statuto (articoli 5, comma 3, lettera "d" e 73, comma 4 – secondo periodo del Testo Unico delle Imposte sui Redditi).

Secondo invece gli articoli 5, comma 3, lettera "d" e 73, comma 5 del Testo Unico delle Imposte sui Redditi, in mancanza dell'atto costitutivo o dello statuto, l'oggetto principale dell'attività è determinato in base all'attività effettivamente esercitata nel territorio dello Stato.

Qualora l'atto costitutivo o lo statuto della società o dell'ente prevedano lo svolgimento di più attività, occorre fare riferimento a quella ritenuta essenziale per il raggiungimento degli scopi sociali primari e tipici della società od ente, tralasciando eventuali scopi che possiamo definire secondari.

Legato al concetto di residenza fiscale è il pericoloso fenomeno denominato "esterovestizione".

Per tale fenomeno si intende, in pratica, la localizzazione della residenza fiscale delle società o degli enti in Stati esteri, allo scopo prevalente di sottrarsi agli obblighi fiscali, previsti dall'ordinamento di appartenenza.

Il termine stesso "esterovestizione", anche a livello linguistico indirizza immediatamente l'immaginazione alla fattispecie di una società, ad esempio, italiana che si "veste", si "camuffa" come fosse estera, ma che è, in realtà, italiana.

Fra i casi più eclatanti, a titolo di esempio, vi è quello della società romagnola "Punto shop retail", di cui il giornalista del "Sole 24 Ore" Giorgio Costa ne ha parlato in un suo articolo apparso su libertas.sm il 20 maggio 2009.

In base a detto articolo, la "Punto shop retail" avrebbe evaso, omettendo di dichiarare i ricavi, circa 200 milioni di euro, ai fini delle imposte dirette e dell'IRAP[14], adottando una

---

[14] I.R.A.P.: imposta regionale attività produttive, istituita con D. Lgs. 15 dicembre 1997 n. 446 che ha sostituito l'imposta locale sui redditi (ILOR), l'imposta comunale per

"doppia" sede legale, l'una nel territorio dello Stato e l'altro in territorio sammarinese, ricorrendo alla citata e descritta tecnica dell'esterovestizione.

In particolare la "Punto shop retail" aprendo due sedi, l'una sul territorio dello Stato a Coriano (RN) e l'altra in territorio sammarinese, anziché acquistare la merce sul mercato internazionale a prezzi più favorevoli, la comprava, adottando un comportamento antieconomico, a prezzi più elevati dalla correlata sammarinese; questo, secondo la Guardia di Finanza di Rimini, allo scopo di delocalizzare la fiscalità "positiva" sul territorio a regime fiscale privilegiato, lasciando la fiscalità "negativa" in Italia, attuando il cosiddetto "arbitraggio fiscale infra-gruppo"[15].

In sostanza, la società italiana invece che comprare ad esempio da un fornitore asiatico la merce a 10 la acquistava ad esempio a 100 dalla consorella sammarinese.

Adottando tale modalità i maggiori costi inseriti in contabilità consentivano due benefici: abbattere in capo alla società italiana i ricavi limitando al minimo la base imponibile su cui pagare le tasse in Italia ed esportare

---

l'esercizio di imprese e di arti e professioni, la tassa di concessione governativa per l'attribuzione del numero di partita Iva, il contributo per il servizio sanitario nazionale ed il contributo per l'assicurazione obbligatoria contro la tubercolosi.

[15] Trattasi di transazioni economiche e finanziarie, in definitiva, fittizie o fatte per ottenere agevolazioni fiscali, in quanto avvengono fra società dello stesso gruppo.

all'estero capitali, mascherandoli come transazioni commerciali.

Al fine di porre un freno al fenomeno dell'esterovestizione, sono stati aggiunti all'articolo 73 del Testo Unico delle Imposte sui Redditi, i commi 5-bis e 5-ter.

Grazie a tali novità normative, l'Amministrazione Finanziaria, dopo aver svolto gli accertamenti di rito, può arrivare a presumere, "salvo prova contraria", l'esistenza nel territorio dello Stato della sede dell'amministrazione di società ed enti non residenti, che detengano partecipazioni dirette di controllo in società di capitali[16] ed enti residenti, quando lo stesso soggetto estero sia a sua volta, alternativamente:

1. controllato, anche indirettamente, ai sensi dell'articolo 2359, primo comma del codice civile, da soggetti residenti nel territorio dello Stato;
2. amministrato da un consiglio di amministrazione o altro organo di gestione equivalente, formato in prevalenza da consiglieri residenti nel territorio dello Stato.

La norma, di fondamentale importanza, dispone, in definitiva, l'inversione, a carico del contribuente, dell'onere

---

[16] Gallo Sergio, (2010), Elementi di diritto tributario, Edizioni Simone, Napoli, pag. 82 e segg.

della prova, dotando l'ordinamento di uno strumento che solleva l'amministrazione finanziaria dalla necessità di provare l'effettiva sede amministrativa di entità che presentano molteplici e significativi elementi di collegamento con il territorio dello Stato.

In tale ottica la normativa persegue l'obiettivo di migliorare l'efficacia dell'azione di contrasto nei confronti di pratiche elusive, facilitando il compito del verificatore nell'accertamento degli elementi di fatto per la determinazione della residenza effettiva delle società.

L'onere della prova, come detto, è a carico del contribuente il quale, per vincere la presunzione, dovrà pertanto dimostrare, con apposita documentazione e con argomenti adeguati e convincenti, che la sede di direzione effettiva della società non e' in Italia bensì all'estero.

Argomenti e prove che dovranno dimostrare l'esistenza di elementi di fatto, situazioni od atti, idonei a manifestare un concreto radicamento della direzione effettiva nello Stato estero.

Qualora, invece, il contribuente non dimostri (o dimostri non in modo adeguato) che la sede effettiva si trova nello Stato estero in luogo dell'Italia, il soggetto sarà considerato residente e dovrà, quindi, soggiacerà a tutti gli obblighi strumentali e sostanziali che l'ordinamento italiano prevede per le società e gli enti residenti.

CAPITOLO III
Potestà impositiva e reddito transnazionale

Con il termine potestà impositiva, la cui espressione primaria è la legge tributaria, si è soliti indicare due distinte potestà: la potestà impositiva cd. astratta e la potestà impositiva cd. concreta.

La potestà impositiva cd. astratta compete agli organi legislativi e consiste nella facoltà di istituire le imposte; tale potestà, oltre che allo Stato, spetta in diversa misura agli Enti autarchici territoriali, in particolare Comuni, Province e Regioni a Statuto ordinario godono di una limitata potestà impositiva; più ampia potestà è invece riconosciuta alle Regioni a Statuto speciale;

La potestà impositiva cd. concreta, invece, compete ai singoli organi tributari (sia statali che territoriali) e consiste e si traduce nella corretta e legale applicazione dei tributi.

La potestà, intesa con riferimento a questa seconda accezione si traduce, quindi, con il potere d'accertamento, riscossione e controllo che spetta solamente ai soggetti attivi indicati espressamente dalla legge istitutiva del tributo come titolari di essa.

Tali sono tutti gli organi dello Stato e di Enti territoriali che abbiano competenza tributaria, nonché i privati eventualmente investiti di questa funzione.

Uno Stato esercita la potestà impositiva, tramite il potere giuridico espresso dalla legge, ovviamente all'interno del suo territorio, ma può esercitarla anche fuori da esso.

In questo ultimo caso, lo Stato, deve individuare con legge un criterio di collegamento fra la fattispecie impositiva e lo Stato stesso.

In questo caso si è soliti distinguere tra il concetto di territorialità (quando la tassazione avviene all'interno dello Stato) ed ultraterritorialità dell'imposizione (quando la tassazione avviene anche per redditi prodotti altrove, da soggetti in qualche modo connessi e riferibili all'ordinamento giuridico italiano che giustifichino la pretesa di imposizione fiscale).

Infatti, per quanto concerne lo Stato italiano, sono tassabili sia i redditi prodotti all'estero da soggetti residenti in Italia, sia i redditi prodotti in Italia da soggetti non ivi residenti e, nel caso di redditi prodotti all'estero, da soggetti residenti in Italia.

Lo Stato italiano (definito "Stato della residenza") ha, pertanto, una potestà impositiva illimitata in quanto può tassare i redditi dei propri residenti ovunque essi siano prodotti[17].

Nel caso invece di redditi prodotti in Italia da soggetti non ivi residenti, lo Stato italiano (denominato "Stato della fonte"), ha una potestà impositiva limitata e tassa i redditi dei non residenti soltanto se detti redditi hanno la fonte nel territorio dello Stato[18].

Il criterio di collegamento "personale" esprime una connessione tra il contribuente e lo Stato espresso dal concetto di "residenza fiscale" (che abbiamo esaminato in precedenza); mentre il criterio di collegamento "reale" esprime una connessione tra le attività produttive di reddito del contribuente e lo Stato espresso dal concetto di "fonte di reddito".

Da tali concetti è possibile giungere ad una prima definizione del concetto di reddito transnazionale che è rappresentato da quella tipologia di reddito derivante da una fattispecie che ha elementi di estraneità personali o reali rispetto ad uno Stato e dunque criteri di collegamento personali o reali rispetto ad un altro Stato (o più altri Stati).

Approfondiremo questi concetti nel corso dei capitoli dedicati al contrasto, da parte dei Paesi industrializzati e delle

---

[17] Cd "worldwide taxation" o "residence taxation".
[18] Cd "source taxation".

organizzazioni internazionali, ai fenomeni elusivi e più in generale ai sistemi *offshore*.

CAPITOLO IV
Tax haven e sistema offshore

I paradisi fiscali hanno una fisionomia camaleontica, possono essere a volte disgiuntamente, spesso congiuntamente, soltanto paradisi fiscali, altre volte anche paradisi societari, altre ancora paradisi bancari ed infine paradisi penali[19], qualora non prevedano nei loro ordinamenti determinati reati prodromici o strettamente connessi all'evasione fiscale.

Soffermiamoci brevemente su queste definizioni che riprenderemo approfonditamente nella parte dedicata al contrasto al fenomeno dei paradisi fiscali.

Per paradiso societario[20] si intende quel Paese che consente la costituzione di società di capitali senza particolari formalità, anche con azioni al portatore, senza l'obbligo di essere amministrate da una persona fisica, senza l'obbligo di certificare e depositare il bilancio e sprovviste di un limite minimo per il capitale sociale.

---

[19] Marino Giuseppe, (2009), Paradisi e paradossi fiscali. Il rovescio del diritto tributario internazionale, Egea, Milano
[20] Caramignoli Germano, Giove Giovanni (2011), Black List e paradisi fiscali, Maggioli editore, Santarcangelo di Romagna (RN), pag. 19

Alla nozione di paradiso societario si affianca solitamente quella di paradiso bancario, con il quale si è soliti identificare quel Paese che impone agli istituti bancari la più assoluta confidenzialità nel fornire informazioni sul profilo finanziario dei propri clienti, garantendo un anonimato sulle ricchezze che custodiscono.

Per paradiso penale, invece, si intende usualmente lo Stato o territorio, dotato di propria giurisdizione, che non prevede come reato l'evasione fiscale, il falso in bilancio, la corruzione, la concussione, l'*insider trading* (di sovente delitto presupposto del riciclaggio) ovvero, soprattutto presenta un ordinamento "a maglie larghe" sotto il profilo dell'antiriciclaggio, non disponendo di forme di controllo valutario adeguato.

Per questo motivo i "paradisi penali" rappresentano una fonte di opportunità per le organizzazioni criminali che riciclano denaro sporco, ma al tempo stesso anche per il singolo malvivente interessato ad occultare il proprio denaro in luoghi inaccessibili.

I paradisi penali hanno molteplici punti in comune sia con i paradisi bancari sia con i paradisi (strettamente) fiscali, attesi gli strettissimi rapporti tra elusione ed evasione fiscale e riciclaggio; tant'è che la tendenza a contrastare un modello di paradiso ad esempio, penale, si è rivelata efficace anche nel contrasto del paradiso fiscale, e viceversa.

In pratica il denaro sottratto all'imposizione diventa una "meteora impazzita", sconosciuta al fisco e, quindi, utilizzabile per qualsiasi altro scopo illecito e/o criminale, ma una volta scoperto, tale denaro, diventa una prova giuridica che può essere utilizzata nella contestazione del reato fiscale quanto del reato più grave, come ad esempio del riciclaggio.

L'espressione "paradiso fiscale" deriva dalla traduzione letteraria dalla lingua inglese dei termini "*tax*" (tassa) ed "*heaven*" (paradiso).

Inizialmente, i primi studiosi statunitensi di tale fenomeno, sostituirono il termine "*heaven*" con "*haven*" (rifugio); furono poi alcuni tributaristi ed economisti francesi ad introdurre il termine, attualmente in uso, di "*paradis fiscaux*".

Non solo i francesi, ma in generale, tutte le principali lingue neolatine utilizzarono le espressioni "*paradisi fiscali*", "*paradis fiscaux*" e "*paraisos fiscales*" in ragione di un'erronea e ormai consolidata traduzione dall'inglese "*tax havens*", anche in virtù dell'assonanza tra i due termini: "*heaven*" ed *haven*".

Ma a ben vedere, anche nell'erronea traduzione per assonanza tra il termine "*heaven*" ed il termine "*haven*", queste giurisdizioni sono, letteralmente ed effettivamente sia dei paradisi sia dei rifugi fiscali, dei "nascondigli", dei luoghi occulti, per individui e imprese che, in assenza di un legame economico sostanziale con i territori in questione, se ne avvantaggiano in termini di bassa o nulla imposizione e di godimento di particolari condizioni di opacità e di segretezza nello scambio di informazioni con gli altri Paesi.

Dobbiamo, quindi, partire dal presupposto che non vi è un consenso unanime su cosa sia un paradiso fiscale perché, in realtà, parlare di "paradiso fiscale" è inappropriato, poiché questi luoghi non offrono soltanto la possibilità di sottrarsi al fisco ed al pagamento delle tasse, ma forniscono anche segretezza, una via di fuga dalla regolamentazione finanziaria e la possibilità di aggirare le leggi e le norme di altre giurisdizioni, ossia dei Paesi dove vive la maggior parte della popolazione mondiale.

L'attrattiva esercitata da questi Stati sugli operatori economici non si limita infatti e, soprattutto, ai giorni nostri, alla sola dimensione fiscale.

Le lacune normative in materia di regolamentazione e sorveglianza finanziaria, tipiche dei moderni centri *offshore*, offrono, infatti, ai capitali mobili anche delle possibilità di investimento e di speculazione libere dai vincoli normalmente imposti dalle autorità pubbliche e dalle norme statuali.

I primi paradisi fiscali risalgono al 1800 dove, originariamente alcuni di questi territori non erano che dei porti, delle insenature, dei luoghi di attracco dove potevano trovare rifugio, da intemperie (e dai gendarmi) i pirati e le navi dei grandi imperi europei.

Già in passato, quindi, il concetto di paradiso fiscale non era associato soltanto ad un luogo ove non esisteva l'imposizione fiscale, ma più generalmente, con tale definizione, si identificavano quei luoghi, quei porti, quelle insenature, in generale quei luoghi nascosti alla vista e sconosciuti (almeno sulla carta) ai gendarmi, ove potevano esercitarsi liberamente il contrabbando di liquori, di tabacco, di the, di spezie, di armi ecc. nonché altri traffici di malaffare e comportamenti eccepibili sia sul piano amministrativo che su quello penale; solitamente si trattava di territori insulari o zone limitrofe a confini politici fra due Stati o, in casi estremi di località montane lontano dalle città.

Successivamente, dopo aver abbandonato tali riprovevoli ma romantiche caratteristiche, i paradisi fiscali divennero essenzialmente un luogo, un territorio o parte di esso, non necessariamente insulare, né necessariamente abbastanza isolato dal mondo, nel quale l'imposizione fiscale era molto bassa, se non inesistente per i capitali e per i flussi finanziari provenienti dall'esterno.

In particolare, tra il 1920 ed il 1930, nell'epoca fra le due guerre mondiali, iniziano ad apparire dei nuovi territori che si specializzano nella formulazione di legislazioni volte ad un trattamento fiscale dei patrimoni, meno invasive e pressanti: è il caso, ad esempio, delle Bahamas, della Svizzera e del Lussemburgo.

Dopo il 1945, la fine della seconda guerra mondiale è decisiva per lo sviluppo dei paradisi fiscali extra europei che, tagliati fuori dal "piano Marshall"[21], grazie al quale si agevolava la ricostruzione post-bellica dell'Europa, non ricevono gli aiuti economici sperati.

Alcuni di questi Paesi, così, bisognosi di denaro, invece di proseguire con la produzione di materie prime oramai non più in grado di garantire una sufficiente stabilità economica, si specializzarono sia nell'accoglienza di flotte cui fornivano bandiere ombra sia nell'offerta ai detentori di capitale di un asilo reso sicuro tramite il segreto bancario e l'assenza di tassazione.

Tra il 1960 ed il 1970 si registra l'emergere dei mercati degli "eurodollari" e dei "petrodollari" che favoriscono uno sviluppo sempre maggiore dei territori a bassa fiscalità ed

---

[21] Denominato ufficialmente, a seguito della sua attuazione, Piano per la ripresa europea (inglese: *European recovery program*, E.R.P.), il Piano Marshall fu uno dei piani politico-economici statunitensi per la ricostruzione dell'Europa dopo la Seconda guerra mondiale

una crescente benevolenza, verso i paradisi fiscali, da parte del mondo economico.

Le grandi banche e imprese, la City di Londra, polo attrattivo delle maggiori società finanziarie, appoggiarono, infatti, l'evoluzione di queste strutture, essendo palese ed evidente il vantaggio di poter disporre di zone con debolissima o nulla imposizione fiscale.

Alle Bahamas, alla Svizzera ed al Lussemburgo, si aggiungono, in questo periodo, il Liechtenstein, le Isole del Canale[22], le Isole Cayman, gli Stati di Bermuda e Panama.

Tra il 1980 ed il 2000, grazie alla liberalizzazione finanziaria che incoraggiava l'assenza di controllo sui movimenti di capitale su scala internazionale, il numero dei paradisi fiscali cresce vertiginosamente.

In questa epoca storica, sul finire del ventunesimo secolo, i movimenti di capitale trovarono in questi luoghi un singolare punto di convergenza, favorendo, così, soprattutto la criminalità cui fu data, in tal modo, la possibilità di "legittimare" più facilmente i propri introiti.

Nell'anno 2001, il giro d'affari dei paradisi fiscali venne stimato all'incirca in oltre 1.800 miliardi di dollari annui ed in questi luoghi e territori (più di ottanta in tutto il mondo)

---

[22] Le Isole del Canale sono un gruppo di isole nel Canale della Manica.

vennero registrate e dislocate all'incirca 680.000 società *offshore*[23].

Di questo ingente flusso finanziario di dollari, attualmente, all'incirca sette miliardi sono dislocati alle Maldive, alle Barbados ed all'Isola di Tonga nell'Oceano Pacifico; circa 500 milioni di dollari sono depositati alle Isole Cayman, circa 164 miliardi di dollari alle Bahamas, 98 miliardi di dollari alle Antille Olandesi (naturalmente nessun documento ufficiale di nessuno Stato sovrano o organismo ufficiale statuisce e/o certifica queste cifre).

Caso eclatante è quello della Liberia, che risulta avere depositi esteri per un ammontare di circa 16 miliardi di dollari: Liberia nella quale vivono circa 3 milioni di persone con un reddito pro capite di circa un dollaro al giorno, il cui debito estero ufficiale è di 2 miliardi di dollari ed il PIL è pari 1 miliardo di dollari.

Trattasi di depositi accumulati in banche di bandiera liberiana e provenienti dall'estero, in particolare da cittadini tedeschi, giapponesi, francesi, britannici, statunitensi ed italiani.

A Monrovia[24], infatti ed a comprova di quanto affermato, opera da molti anni la "Tradevco" una banca d'affari

---

[23] Degregori Italo, (2012), Paradisi Fiscali e Società Offshore, Edizioni R.E.I., Nizza
[24] Monrovia è la capitale della Liberia

controllata da Mediobanca: alla domanda del perché una banca così importante operi in un paese, sulla carta, così povero è facile dare risposta.

Secondo Nicholas Shaxson, da anni impegnato sul fronte della scoperta dei nuovi paradisi fiscali ed autore del libro: "Le isole del tesoro"[25], è un paradiso fiscale, in senso più ampio e completo, "quel luogo che cerca di attrarre le imprese, offrendo strutture politicamente stabili, per aiutare le persone fisiche o giuridiche ad aggirare le norme, le leggi e i regolamenti di altre giurisdizioni".

"*Home is where money is*', cioè la casa, la patria è dove si ha il denaro, possiamo anche citare questa frase di un altro autore, Adam Starchild[26] per comprendere il fenomeno dei paradisi fiscali. Un paradiso fiscale è, in definitiva, "uno Stato od un territorio la cui normativa fiscale, bancaria e/o finanziaria permette di attrarre grandi masse di capitale e flussi di denaro, grazie a condizioni particolarmente vantaggiose".

Sotto il profilo prettamente tributario, per paradiso fiscale si intende, invece, un territorio fuori controllo, al riparo dalla

---

[25] Shaxson Nicholas, (2012), Le isole del tesoro. Viaggio nei paradisi fiscali dove è nascosto il tesoro della globalizzazione, Feltrinelli editore, Milano, pagg. 15-16
[26] Adam Starchild, scrittore, uno dei maggiori esperti a livello mondiale di paradisi fiscali.

regolamentazione fiscale italiana ed internazionale e dal quale non perviene alcun introito per l'Erario.

Accettare il fenomeno dei paradisi fiscali, quindi, significa, in "parole povere" accettare l'idea diffusa che un Paese si arricchisca insidiando le leggi degli altri Stati.

Come detto, nei paradisi fiscali vige un regime di imposizione fiscale molto basso o assente che rende conveniente stabilire in questi Paesi la sede di un'impresa (le c.d. società *offshore*, sulle quali torneremo nel prosieguo) o, di contro, regole rigidissime sul segreto bancario che consentono di compiere transazioni "coperte", quindi non tracciabili e non monitorabili.

In Svizzera, ad esempio, la legge tutela penalmente il segreto bancario e punisce anche l'induzione alla sua violazione.

In Italia, invece, il segreto bancario non è tutelato da alcuna norma: non rientra, infatti, nel segreto professionale né nel segreto d'ufficio.

Il funzionario della banca è tenuto all'ufficio di testimone (art. 366 c.p.) ed in base agli artt. 248 n. 2 e 255 c.p.p., l'autorità giudiziaria o gli ufficiali di polizia giudiziaria possono esaminare atti, documenti e corrispondenza presso le banche, procedendo a perquisizione o a sequestro ove vi sia fondato motivo di ritenere la loro pertinenza al reato.

Inoltre la garanzia che deriva dal segreto bancario offre vantaggi consistenti anche nella possibilità di sottrarre denaro e beni ai creditori, nella lesione dei diritti ereditari di successione, nell'aggiramento degli obblighi di assistenza familiare al coniuge ed ai figli, nell'occultamento dei profitti illeciti, ecc.

Oltre a ciò i paradisi fiscali offrono ulteriori attrattive (e lusinghe) come la protezione di brevetti o consorzi industriali vietati nello stato di residenza o di origine, bassi costi di manodopera, un liberale sistema dei cambi, minimi requisiti (o regole) per l'ottenimento di licenze che consentano di operare fondi di investimento; sono davvero molteplici le "risorse" offerte da un paradiso fiscale.

E' evidente che in un regime fiscale esigente come quello italiano, un'azienda italiana è attratta dal ricorrere a strumenti imprenditoriali o patrimoniali alternativi, o allettanti, come quello dei paradisi fiscali, creando e istituendo strutture in Paesi che, senza porsi troppi problemi, offrono dette risorse.

Ma ciò non coinvolge soltanto le aziende, nell'ultimo decennio, infatti, è aumentato il numero di privati cittadini portati a guardare oltre il proprio Paese di appartenenza, che hanno investito e prodotto all'estero i loro patrimoni ed il loro reddito.

Secondo l'OCSE[27], nei suoi rapporti annuali e nelle sue interazioni con i paesi che aderiscono al progetto di cooperazione e sviluppo economico, i paradisi fiscali concorrono a creare una sorta di concorrenza fiscale, anzi definita, in realtà, "concorrenza fiscale dannosa" e sleale sia nei confronti dei mercati finanziari sia verso i contribuenti onesti.

In particolare, con il rapporto OCSE del 1998, meglio conosciuto con il nome di *"Harmful Tax Competition"* (letteralmente: competizione fiscale dannosa) sono stati individuati i principali fattori che caratterizzano i regimi fiscali potenzialmente "dannosi", cioè i Paesi da "tenere sotto controllo".

Tale rapporto suddivideva le cosiddette "pratiche fiscali dannose" nella categoria degli *"harmful preferential tax regimes"* e dei *"tax havens"*, cioè nei regimi a fiscalità privilegiata e nei veri e propri paradisi (o rifugi) fiscali. In particolare si definiscono "regimi fiscali privilegiati dannosi" quei meccanismi che, ancorché coesistenti con sistemi di tassazione ordinaria anche rilevanti, consentono di ottenere aliquote ridotte o addirittura nulle.

---

[27] O.C.S.E.: Organizzazione per la Cooperazione e lo Sviluppo Economico.

Per fini meramente classificatori, ma per ognuna di esse con differenze sostanziali, i paradisi fiscali, possono suddividersi nelle seguenti categorie:
1. *"Pure tax havens"*;
2. *"No tax foreign income haven"*;
3. *"Low tax havens"*
4. *"Special tax havens"*.

Per *"Pure tax havens"* si intendono quei paesi, territori o parte di essi, in cui non esistono imposte sul reddito, sulla ricchezza, su successioni o donazioni, ma, di contro, le autorità di detti stati percepiscono entrate fisse dalle società offshore ivi collocate, per cui è possibile costituire società o trust con grande facilità e senza corrispondere le imposte.

Il segreto bancario, inoltre, è rigidamente garantito e, solitamente, si tratta di paesi che non hanno uno scambio di informazioni con gli altri paesi.

Generalmente rientrano nei paradisi fiscali definiti *"Pure tax havens"* i luoghi di villeggiatura, come ad es. le isole Bahamas o le Bermuda che sono, notoriamente prive di altre risorse economiche, fatta eccezione, forse, per il solo turismo. Si può affermare, quindi, che proprio grazie a queste caratteristiche, per questi paesi, i flussi finanziari e di capitale provenienti dall'esterno, rappresentano l'unica risorsa.

Nei *"No tax foreign income haven"*, invece, viene tassato soltanto il reddito prodotto internamente, pertanto sono esenti dalla tassazione i redditi prodotti da persone fisiche e giuridiche provenienti dall'esterno.

Fanno parte di questi territori gli stati indipendenti della Liberia e di Panama che, pur essendo sulla carta "indipendenti", rappresentano a tutti gli effetti i satelliti principali del *"network offshore"* gestito dagli Stati Uniti.

Anche nei *"No tax foreign income haven"* solitamente vige un rigido segreto bancario ed anche in essi, generalmente, non vi sono scambi di informazioni con altri paesi di carattere tributario e finanziario.

I *"Low tax havens"* invece sono impropriamente definiti paradisi fiscali in quanto in essi è imposto, seppur in minor misura che altrove, comunque, un modesto onere fiscale sul reddito ovunque prodotto: fanno parte di questi, ad esempio le British Virgin Islands.

Gli *"Special tax havens"* sono paesi e territori a livello impositivo normale ma caratterizzati dal permettere la costituzione di organismi particolarmente flessibili; per questo motivo sono definiti "speciali"; fa parte di essi ad esempio il Liechtenstain.

Strettamente collegato ed inerente alla definizione di "paradiso fiscale" ed anzi, spesso utilizzato come sinonimo, è il concetto di società o territorio *offshore*.

E' considerata *offshore* (letteralmente: fuori costa, fuori lido) ogni giurisdizione al di fuori dello Stato di residenza.

Ad esempio anche la Gran Bretagna può essere considerata una giurisdizione *offshore* per i cittadini francesi o per i cittadini italiani, allo stesso modo del Belize, Malta, Costarica o qualsiasi altro stato che non sia territorio francese o italiano.

E' definita, invece, società *offshore* una società che opera in un territorio *offshore*.

Ogni società *offshore* se è riconosciuta legalmente, può liberamente operare a livello internazionale; ma un conto è "essere riconosciuta legalmente", un altro è "operare legalmente".

Per aggirare il fisco o, comunque, per ridurre il proprio carico fiscale, qualsiasi società commerciale di import-export può dar vita ad una struttura *offhsore*.

In questo modo, mentre le merci vengono consegnate direttamente dal produttore, la società *offshore*, collocata al riparo dal regime fiscale del Paese del produttore, raccoglie gli ordini e i pagamenti direttamente dai clienti: il risultato è che la maggior parte dei profitti può essere accumulata in aree con tassazione zero o quasi zero.

Istituire società al di fuori della circoscrizione del proprio Stato di residenza, era un tempo il bastione esclusivo dell'elite finanziaria; oggi con costi moderati, nuove normative e con l'avvento di internet, semplici uomini d'affari e professionisti si avvalgono delle strategie *offshore* per salvaguardare i loro business e le loro proprietà e sfruttarne tutti i vantaggi.

Com'è noto, il concetto di *offshore* rimanda al concetto di *Tax haven*.

Infatti una società *offshore* gode di un basso regime di imposte e di tasse, di una salvaguardia dei beni immobili e dei risparmi, di ridottissime formalità societarie e contabili, di una tutela rigorosa del segreto bancario, di regole favorevoli per l'impianto di servizi finanziari ed anche della possibilità dell'emissione di azioni anonime al portatore.

Con il termine società *offshore*, si indicano talvolta, ed è questa la casistica senz'altro più pericolosa, anche imprese fittizie create in Stati o territori a bassa o nulla imposizione fiscale.

Imprese fittizie utilizzate con lo scopo di nasconderne l'effettivo proprietario o beneficiario di determinati beni, per vari motivi illegali (riciclaggio di denaro sporco, occultamento di proprietà, evasione fiscale, etc.).

L'*offshore*, quindi, è essenzialmente una zona di evasione situata "altrove" e i servizi *offshore* sono riservati esclusivamente ai non residenti.

Pertanto, un paradiso fiscale, potrebbe offrire per esempio, un'aliquota d'imposta nulla ai non residenti che trasferiscono i loro capitali nel suo territorio, ma tassare regolarmente i residenti.

Questa separazione fra residenti e non residenti, è un'ammissione implicita del danno che può essere provocato dalle operazioni dei paradisi fiscali.

In realtà, proprio perché non è illegale, tutte le multinazionali hanno società offshore in paesi dal regime fiscale agevolato, per una più accettabile tassazione degli utili; infatti, oltre alle società *offshore*, abbiamo banche *offshore*, finanziarie *offshore* e così via.

Alcuni studio del fenomeno *offshore*, danno degli stessi una definizione ancora più drammatica: per essi, infatti, i paradisi fiscali sono quei Paesi o territori che commercializzano la propria sovranità offrendo in cambio un regime favorevole, in una totale "deregulation".

Deregulation che comprometterebbe addirittura il buon funzionamento e sviluppo della democrazia mondiale, togliendo risorse ai Paresi più poveri ed in via di sviluppo, concentrando immensi flussi finanziari nelle mani di poche persone senza scrupoli, con ingenti danni, ovviamente, anche per l'economie dei paesi più industrializzati.

Secondo l'Organizzazione internazionale per l'economia e lo sviluppo, gli elementi che permettono, schematicamente, di individuare e caratterizzare un regime fiscale dannoso sono da individuarsi in particolari elementi caratterizzanti che ne denotano la particolare peculiarità.

Elementi che possono essere sintetizzati nei seguenti:

1. un'imposizione fiscale bassa o prossima allo zero;
2. un sistema *"ring fenced"*[28], letteralmente un "recinto", un "anello" all'interno del quale vi è una tassazione con ampia disparità tra i redditi generati all'interno o all'esterno;
3. l'assenza di trasparenza delle transazioni finanziarie e dei movimenti di capitale effettuati;
4. la mancanza di scambio d'informazioni con altri paesi, a parte rare eccezioni;
5. l'elevata capacità di attrarre società, avente come scopo l'occultamento dei movimenti di capitale.

---

[28] Sistema "ring fenced": è un sistema dove sono previsti l'isolamento del regime privilegiato dal sistema tributario ordinario, la mancanza di trasparenza del regime fiscale, nonché il rifiuto delle Amministrazioni finanziarie locali allo scambio di informazioni.

CAPITOLO V

Transfer pricing, holding, sub-holding e imprese controllate

Il c.d. *"transfer pricing"* (da non confondere con il fenomeno dell'esterovestizione) è una delle strategie più utilizzate dagli investitori *offshore* per eludere o per evadere il fisco.

Con tale termine si indica il meccanismo attraverso il quale i prezzi di vendita non corrispondono all'esatto valore delle merci o dei beni trasferiti, ma sono determinati, nell'ambito di gruppi di società multinazionali, per trasferire utili da paesi a elevata fiscalità in paesi a bassa fiscalità.

Per renderne più facile la comprensione, facciamo un esempio di *"transfer pricing"*: la società Alfa, residente in Italia, acquista a prezzi elevati, beni o servizi da una società facente parte del proprio gruppo e residente in un Paradiso fiscale.

In questo modo la società in Italia potrà dedurre un costo più alto riducendo la pressione fiscale sul reddito che invece emergerà nel Paradiso Fiscale dove subirà un livello molto più basso di tassazione.

Questo meccanismo di determinazione dei prezzi è, in effetti, svincolato dal valore reale delle operazioni commerciali e dal valore di mercato dei beni, ma segue logiche diverse.

Gli stati ad elevata fiscalità, come il nostro, colpiti da pratiche di *"transfer pricing"* hanno cercato di studiare il modo per arginare il problema e trovare soluzioni idonee per dirimere i conflitti tra i vari stati interessati; le più recenti disposizioni in materia sono:

1. Le Linee Guida OCSE (*"Transfer Pricing Guidelines for Multinational Enterprises and Tax Administrations"*) approvate dal Consiglio dell'Organizzazione per la cooperazione e lo sviluppo economico il 22 luglio 2010;

2. l'articolo 26 del Decreto Legge 78/2010 convertito nella Legge 122 del 30 luglio 2010 che ha recepito l'adeguamento alle direttive OCSE per la documentazione dei prezzi di trasferimento.

Con tali misure preventive, si è stabilito che dovrà essere dimostrato dalla società commerciale, attraverso una documentazione redatta secondo uno specifico schema ministeriale[29], che i prezzi di trasferimento tra imprese associate corrispondono al valore normale dei beni di trasferimento tra imprese indipendenti.

Utilizzando questa procedura la società commerciale non incorrerà in sanzioni, ma in maggiori imposte e interessi a

---

[29] Provvedimento dell'Agenzia delle Entrate del 29 settembre 2010 in attuazione dell'art. 26 del D.L. 78/2010 che stabilisce lo schema della documentazione da produrre per sfuggire alle sanzioni dell'infedele dichiarazione.

favore dell'erario dello stato da cui derivi una maggiore imposta o un minor credito.

Secondo Carl Levin[30], senatore statunitense, fortemente impegnato, a livello politico nel contrasto ai paradisi fiscali, il meccanismo dei prezzi di trasferimento corrisponde addirittura "all'equivalente societario dei conti segreti offshore dei singoli evasori fiscali"[31].

Attraverso il sistema del *"transfer pricing"*, modificando con artifizi i prezzi dei trasferimenti interni, le società multinazionali possono trasferire verso un territorio *offshore* o verso una consociata *offshore* i profitti, mentre possono trasferire i costi verso paesi a tassazione elevata, in modo, poi, da poterli dedurre (evadendo le imposte e i tributi) fraudolentemente dalla base imponibile.

Vediamo ora, nel dettaglio, le definizioni di società controllate e controllanti, di *"holding"* e *"sub-holding"*.

L'Agenzia delle Entrate, con provvedimento del 29 settembre 2010, oltre a stabilire le specificità dello schema ministeriale da produrre per non incorrere in sanzioni per infedele dichiarazione fiscale, specifica la definizione di Holding, sub-Holding e di imprese controllate da gruppi

---

[30] Carl Milton Levin (Detroit, 28 giugno 1934) è un politico statunitense.
[31] Shaxson Nicholas, (2012), Le isole del tesoro. Viaggio nei paradisi fiscali dove è nascosto il tesoro della globalizzazione, Feltrinelli editore, Milano, pag. 19

multinazionali, secondo il quale per *"società holding appartenente ad un gruppo multinazionale"* si intende una società residente a fini fiscali nel territorio dello Stato che:
> ➤ non è controllata da altra società o impresa commerciale o da altro soggetto dotato di personalità giuridica ed esercente attività commerciale, ovunque residente;
> ➤ controlla, anche per il tramite di una sub-holding, una o più società non residenti a fini fiscali nel territorio dello Stato.

Per *"società sub-holding appartenente ad un gruppo multinazionale"* si intende, invece, una società residente a fini fiscali nel territorio dello Stato che:
> ➤ è controllata da altra società o impresa commerciale o da altro soggetto dotato di personalità giuridica ed esercente attività commerciale, ovunque residente;
> ➤ controlla a sua volta una o più società non residenti a fini fiscali nel territorio dello Stato;

Per *"impresa controllata appartenente ad un gruppo multinazionale"* si intende, infine, una società o un'impresa residente a fini fiscali nel territorio dello Stato che:
> ➤ è controllata da altra società o impresa commerciale o da altro soggetto dotato di personalità giuridica ed esercente attività commerciale, ovunque residente;

> non controlla altre società o imprese non residenti a fini fiscali nel territorio dello Stato.

Tali imprese sono qualificabili come "piccole e medie imprese", qualora realizzino un volume d'affari o ricavi non superiore a cinquanta milioni di euro.

Non rientrano nelle "piccole e medie imprese", le società holding sub-holding appartenenti ad un gruppo multinazionale, qualora controllino direttamente o indirettamente almeno un soggetto non qualificabile come "piccola e media impresa".

CAPITOLO VI
Paradisi fiscali: riciclaggio e cifre

Se le caratteristiche citate in precedenza, vale a dire un'imposizione fiscale bassa o prossima allo zero, un sistema *"ring fenced"*, all'interno del quale vi è una tassazione con ampia disparità tra i redditi generati all'interno o all'esterno, l'assenza di trasparenza delle transazioni finanziarie e dei movimenti di capitale effettuati, la mancanza di scambio d'informazioni con altri paesi e l'elevata capacità di attrarre società, avente come scopo l'occultamento dei movimenti di capitale costituiscono un'allettante alternativa per le aziende multinazionali a livello fiscale, l'elevata capacità di attrarre società, avente come scopo l'occultamento dei movimenti di capitale, da sola, costituisce un'attrattiva davvero irresistibile non soltanto per le aziende che hanno lo scopo di veder ridurre il proprio carico fiscale, ma anche e soprattutto per le organizzazioni criminali, in particolar modo dedite al riciclaggio di denaro sporco.

Attività criminale che si svolge principalmente attraverso tre operazioni distinte: dislocamento (o "prelavaggio" del denaro), accatastamento (o "rimescolamento") e integrazione ("lavaggio" vero e proprio).

Il dislocamento (o "prelavaggio") è il trasferimento del denaro liquido e della valuta dal luogo di acquisizione in istituti finanziari di altri paesi, frazionando il capitale in tante piccole somme in modo da destare meno sospetti.

La fase successiva è quella dell'accatastamento (o "rimescolamento"), che rende impossibile risalire all'origine dei profitti illeciti grazie all'assenza di trasparenza e di reciprocità nello scambio di informazioni, nonché grazie all'elevato livello di sviluppo dei servizi finanziari off-shore.

L'ultima fase e quella dell'integrazione pianificata dei capitali riciclati, riuniti su vari conti in banche selezionate e pronti per essere riutilizzati in attività legali; coincide con la re-immissione del denaro, "lavato", nei circuiti e nei sistemi finanziari legali ed ufficiali.

Il nostro Legislatore è più volte intervenuto per cercare di arginare questo fenomeno con normative sempre più stringenti e specifiche, considerando paradisi fiscali quei Paesi in cui il livello di tassazione è inferiore di almeno il 30 per cento rispetto al livello medio applicato in Italia.

In tal modo, i paradisi fiscali sono oggi considerati "sorvegliati speciali" da quelli fiscalmente più evoluti, proprio perché il rischio maggiore, come detto, è che vengano utilizzati per il riciclaggio di denaro sporco.

Infatti, il G8, l'Unione europea, gli Stati Uniti hanno iniziato a tenere sotto stretto controllo i rapporti intercorrenti tra i loro cittadini e questi paradisi fiscali con l'obiettivo primario di ridurre quella percentuale tra il 2 e il 5 per cento del prodotto interno lordo mondiale.

Percentuale che, in base a quanto stabilito dal Fondo Monetario Internazionale, sarebbe proprio rappresentata, in gran parte, dai capitali riciclati.

Si parla, infatti, stando alle ultime stime, di un giro d'affari pari a 1800 miliardi di dollari annui, di cui il 40 per cento riguarda capitali provenienti da traffici di criminalità organizzata e da attività terroristiche.

Più specificamente, queste attività di criminalità finanziaria e di riciclaggio dei profitti delle organizzazioni criminali, si ottiene mediante passaggi continui dei capitali da un conto ad un altro, ognuno dei quali è suddiviso in sotto-conti e attraverso spostamenti paralleli su diversi mercati finanziari, utilizzando, in particolare, il circuito *Swift*[32] o il sistema *Chips*[33].

L'ultima fase della catena è quella dell'integrazione pianificata dei capitali riciclati, perfettamente "lavati", riuniti su vari conti in banche selezionate e pronti per essere riutilizzati in attività legali.

Ad accentuare la difficoltà del monitoraggio dei flussi di denaro ed il fenomeno dei paradisi fiscali, ha contribuito inoltre, l'avvento di internet che ha ingigantito lo scambio di informazioni e transazioni di denaro, dando un ulteriore impulso a queste attività e scambi.

Attraverso la rete e i suoi servizi online, vengono svolte migliaia di attività a velocità impressionante, con fini non sempre leciti.

Al riguardo, alcuni osservatori hanno coniato l'espressione *"the short arm of the law"*, il braccio corto della legge, a testimoniare la quasi impotenza della legge (e dei

---

[32] SWIFT: Society for. Worldwide Interbank Financial Telecommunication. è un codice (codice SWIFT) utilizzato nei pagamenti internazionali per identificare la Banca del beneficiario; è disponibile praticamente per quasi tutte le banche del mondo e può essere formato da 8 o da 11 caratteri alfanumerici. Esso è utilizzato insieme al codice IBAN per trasferimenti di denaro mediante bonifico internazionale.
[33] CHIPS: Clearing House Interbank Payments System. E' un sistema privato di pagamento elettronico in tempo reale di proprietà di New York Clearing House Association (NYCHA), che ne è anche il gestore. Opera attraverso terminali nelle filiali bancarie e processa i trasferimenti di fondi tra gli associati, che possono essere società finanziarie, banche e filiali di banche con una base a New York. La NYCHA è composta da undici grandi banche di New York (money-centre banks).

suoi operatori) verso i controlli su questa vastissima quantità di scambi e flussi di denaro che avvengono, appunto, nella rete internet.

Attraverso internet, grazie alla velocità delle comunicazioni telematiche, alle nuove tecnologie, agli scarsi controlli e grazie ad appositi siti creati *"ad hoc"* è, inoltre, possibile aprire ed istituire sia una società o un'impresa sia un conto corrente bancario in un paradiso fiscale a propria scelta, semplicemente da casa propria, a costi irrisori e con formalità praticamente inesistenti.

Sulla rete sono disponibili (ad esempio il sito web: www.paradisi-fiscali.org/ordine_servizi.php) diversi siti nei quali è possibile, con un "click" scegliere un paradiso fiscale a proprio piacimento quale residenza oppure scegliere dove istituire il proprio conto corrente.

I costi variano naturalmente a seconda del paradiso fiscale scelto, come da schemi seguenti.

Scelta del paradiso fiscale:

Giurisdizione	Tassa di avviamento	Tasse annuali A decorrere dal 2° anno
Isole Vergini Britanniche	€2090	€1390
Seychelles	€1790	€1190

Belize	€1790	€1190
Panama'	€1990	€1290
Anguilla	€2090	€1390
Delaware	€1890	€1290
Ras al-Kaimah	€3900	€2500
Mauritius	€2290	€2590
Gibilterra	€2900	€1950
Costa Rica	€2500	€1400
Bahamas	€2950	€1900
Cipro	€4400	€1900
Svizzera	€7000	€3500
Hong Kong	€3950	€1450
Regno unito	€3800	€1450

Costi di apertura del conto corrente:

- ☐ in Svizzera €820
- ☐ a Cipro €820
- ☐ alle Seychelles €820
- ☐ a Panama €820
- ☐ in Belize €820
- ☐ a Hong Kong €1050
- ☐ nel Regno Unito €1050
- ☐ in Mauritius €820
- ☐ in St-Vincent €820
- ☐ in Gibilterra €1050

Appare ovvio quanto sia impossibile (o quantomeno difficile) il monitoraggio, da parte degli organi di controllo, in assenza di cooperazione da parte di questi Stati, dei movimenti finanziari ed è per questo motivo, principalmente, che transazioni finanziarie riconducibili al riciclaggio di denaro sporco, rappresentano il "riciclo" anche di tutte le altre forme di criminalità ad alta pericolosità sociale, come il commercio di armi e materiali tossico-nocivi, il commercio di organi per trapianti, il commercio di sostanze stupefacenti, l'inquinamento dell'ambiente, la criminalità informatica e così via.

Quasi tutte le transazioni finanziarie derivanti da questi reati, trovano, pertanto, un "rifugio" naturale nei paradisi fiscali.

Come si può immaginare, il fenomeno *offshore*, a livello mondiale e globale è di vastissime proporzioni ed interessa oramai tutti i continenti e non è più, come detto, un fenomeno limitato alle isole caraibiche.

Secondo un'indagine de "Il giornale – sezione economia" pubblicata nell'edizione del 2/4/2009, il "giro d'affari complessivo dei paradisi fiscali ammonterebbe a circa 1.800 miliardi di dollari annui e di questi:

> ➢ il 40 per cento riguarda capitali provenienti da traffici della criminalità organizzata, traffico d'armi ed altre attività terroristiche e criminali (traffico di droga, di organi, reati societari, traffico di armi, di medicinali, etc.);
>
> ➢ il 45 per cento da capitali di "pianificazione fiscale" (quindi in gran parte provenienti da pratiche elusive al fisco) per la maggior parte provenienti da società multinazionali ma anche da società non multinazionali e da persone fisiche singole (notai, uomini di affari,

sportivi, attori, musicisti, politici, avvocati, medici, professionisti, scrittori, etc.);

- il restante 15 per cento è formato da capitali riconducibili a fenomeni di corruzione e di saccheggi politici ed economici, nella maggior parte dei casi perpetrati verso i Paesi in via di sviluppo dell'Africa, dell'Asia ed in parte dell'America Latina.

Il numero dei paradisi fiscali nel mondo, sempre in base a questa indagine, varierebbe da quaranta a ottanta, a seconda dei criteri di valutazione adottati nella loro classificazione, mentre le società offshore sarebbero all'incirca 680.000, i *"trust"* circa 1.200.000 e le banche con agenzie nei paradisi circa 10.000.

I *"trust"* (di cultura britannica), secondo molti studiosi sarebbero un "male" ancora peggiore del segreto bancario svizzero perché permettono, tramite un sistema fiduciario, il completo anonimato da parte delle società *offshore*.

L'elusione e l'evasione fiscale nel mondo, inoltre, ammonterebbe[34] a circa 292 milioni di dollari statunitensi annui, il "fatturato" del riciclaggio del denaro sporco a circa 600 miliardi di dollari annui, i profitti annuali del traffico di droga che confluiscono nei paradisi fiscali oscillerebbe fra i

---

[34] Nobile Romano, (2002), Paradisi fiscali: uno scippo planetario, Edizioni Malatempora, Città di Castello (PG)

300 e i 500 miliardi di dollari ed i proventi della pirateria informatica a circa 200 miliardi di dollari.

Le cifre sono impressionanti, soprattutto se si tiene conto del fatto che ogni indagine, giornalistica o investigativa che sia, incontra sempre moltissime "difficoltà" (leggasi omertà) quando si addentra in questo particolare settore, pertanto, le cifre stimate sono sempre da considerare "per difetto" ed in costante aumento.

Ciò significa che se si parla di un giro di affari dei paradisi fiscali pari ad esempio ad un miliardo e ottocento milioni di dollari, è probabile che esso sia invece pari, almeno, a diciotto miliardi di dollari.

Le cifre di stima, infatti, del denaro "lavorato" e "gestito" dai paradisi fiscali attraverso i sistemi *offshore* più o meno leciti sono, infatti, impossibili da conoscere con certezza.

CAPITOLO VII
Contrasto al fenomeno offshore

Nel corso degli ultimi anni, come detto, il ricorso all'utilizzo dei paradisi fiscali ed ai sistemi *offshore* è stato un fenomeno in crescita esponenziale e progressiva, favorito dal processo di globalizzazione dell'economia, dall'integrazione dei mercati finanziari e dall'ampia diffusione delle tecnologie informatiche e della rete internet, in grado di spostare e trasferire ovunque i capitali finanziari in certi casi, anche dalla propria abitazione, con una semplicità e facilità disarmante, al di fuori di ogni controllo.

Per questo motivo, per la vastità del fenomeno che ha, ormai, coinvolto anche Paesi dell'Unione Europea e nuove giurisdizioni un tempo insospettabili, il contrasto ai paradisi fiscali ed ai sistemi *offshore* rappresenta un caposaldo delle politiche tributarie dei Paesi più industrializzati, alla ricerca di efficaci misure e soluzioni giuridiche, politiche ed economiche in grado di contemperare, da un lato, la tutela della libertà individuale all'organizzazione d'impresa e, dall'altro, la legittima aspettativa statale alla percezione dell'imposta dovuta per la ricchezza ivi prodotta.

Come abbiamo visto i paradisi fiscali rappresentano, però, un "dilemma" perché se da un lato è legittima la volontà degli Stati di tassare legittimamente chi in effetti produce reddito ed utilizza i sistemi *offshore* come escamotage per eludere (od evadere) il fisco ed è altrettanto legittima la volontà ed il contrasto a pericolosi fenomeni di riciclaggio e di criminalità in genere, dall'altro le grandi potenze mondiali conoscono bene il lato "risorsa" dei paradisi fiscali stessi: risorsa che si traduce essenzialmente nel creare lavoro, ricchezza e benessere per gli Stati e i territori offshore, con ripercussioni benefiche anche per gli altri Paesi.

In definitiva i paradisi fiscali non sono bene accetti dai Paesi più industrializzati per il modo in cui producono ricchezza ma la ricchezza prodotta è, ovviamente, ben accetta (sempre che venga equamente o meno, spartita fra gli Stati più industrializzati).

Il problema è soprattutto questo, cioè che la ricchezza finanziaria dei paradisi fiscali non è equamente spartita, ma resta a beneficio soltanto degli apici delle piramidi offshore che abbiamo esaminato, in particolare Gran Bretagna e Stati Uniti.

Occorrerebbe, quindi, innanzitutto una seria e concreta collaborazione tra Stati ed organizzazioni, nonché un'armonia normativa internazionale perché le società *offshore* sfruttano e colgono proprio queste disarmonie, soprattutto, tributarie, esistenti tra i vari ordinamenti in modo da poter attutire sensibilmente l'onere impositivo, prediligendo giurisdizioni che garantiscono sia imposizioni minori, sia un'estrema *privacy* ai patrimoni allocati nei *tax haven*.

Come detto, però, non bisogna incorrere nell'errore di considerare che ogni delocalizzazione societaria sottenda ineludibilmente tecniche di drenaggio di reddito verso località ove la presenza del Fisco è meno incisiva ed invasiva rispetto al territorio d'origine.

Alcune delocalizzazioni, infatti, rispondono anche a logiche imprenditoriali legate a minori costi da sostenere per la costituzione e la gestione della struttura d'impresa, maggior efficienza del sistema burocratico del Paese estero e, spesso, si tratta di scelte imprenditoriali legate anche al fattore ambientale ed alla stabilità politica del Paese "ospitante".

In tale ottica, il comportamento imprenditoriale è da considerarsi economicamente conveniente, volto a godere di una posizione di guadagno dovuta non soltanto alla minore imposizione fiscale, quindi legato ad una scelta commerciale legittima e non illecita.

Le reazioni dei paesi più industrializzati nei confronti dei paradisi fiscali sono state tra le più varie, alternandosi tra atteggiamenti di tolleranza, di disinteresse o, talvolta di lotta serrata; ciò in virtù del fatto che alcuni Paesi più industrializzati sono contestualmente anche *tax haven* (ad esempio Gran Bretagna, Stati Uniti, Olanda, etc.).

Quindi è comprensibile sia la difficoltà, sia l'imbarazzo da parte dei governi di tali Stati ad affrontare il problema *tax haven*.

Gli strumenti utilizzati dai legislatori degli Stati nell'azione di contrasto ai *tax haven*, in particolare in campo fiscale e tributario, sono stati caratterizzati da una generale e spiccata vocazione "presuntiva", cioè tendente per lo più a cercare di rendere imponibile, in capo ai soggetti residenti, le componenti reddituali tassabili e riconducibili a società domiciliate nel Paese a fiscalità privilegiata ed ivi allocate, in modo da scongiurare l'erosione del gettito tributario, mediante il ricorso a fenomeni elusivi (o evasivi) a dimensione sovranazionale ed internazionale.

Ogni giurisdizione è legittimata, infatti, alla pretesa di veder tassate sul proprio suolo, utilità rivelatrici di capacità contributiva di reddito, che trovano nei confini interni la propria fonte di produzione ed il loro beneficiario finale.

Tra gli strumenti più importanti della cd. *fiscal policy*, cioè la politica di contrasto ai paradisi fiscali, un ruolo primario è riconosciuto negli ultimi decenni alle disposizioni sulle *"controlled foreign companies"* (cd. *Cfc rules*), adottate dagli Stati aderenti all'OCSE, che tendono a precludere manovre di *tax deferral*, ossia di differimento dell'imposizione in base alla volontà ed all'esigenza fiscale dell'azionista, attraendo a tassazione, per trasparenza ed in proporzione alla quota di partecipazione detenuta, gli utili prodotti dalla società localizzata nel Paese a fiscalità privilegiata ma non ancora distribuiti al socio quale dividendo.

Tale disciplina delle *"Cfc rules"* avrebbe dovuto, nei piani, anche disincentivare il trasferimento di residenza delle persone fisiche verso i paradisi fiscali.

Altro strumento a disposizione degli Stati per contrastare il fenomeno *tax haven* è costituito dalla previsione di indeducibilità dei costi sostenuti da società residenti a seguito di rapporti economici intrattenuti con imprese domiciliate nei *tax haven*: tale strumento, però, a differenza della disciplina delle "*Cfc rules*" ha avuto scarso seguito tra le legislazioni dei Paesi più industrializzati.

Pertanto, ogni Stato, sovrano sul proprio territorio, persegue delle *fiscal Policy* di aggressione al fenomeno dei *tax haven* che reputa più adeguata.

I principali strumenti di contrasto si possono riassumere nei seguenti:

- ➤ imputazione al soggetto nazionale dei redditi conseguiti dalla società controllata nel *tax haven*, attraverso le citate "*Cfc rules*";
- ➤ indeducibilità dei costo sostenuti dai soggetti residenti per operazioni commerciali intrattenute con imprese domiciliate in Paesi a fiscalità privilegiata;
- ➤ presunzione di residenza per le persone fisiche trasferite verso paradisi fiscali;

Al fine di prevenire l'integrazione di condotte elusive o evasive, ogni Stato industrializzato, nel corso del tempo, si è, quindi, dotato di strumenti normativi di difesa per tutelare i propri interessi erariali.

CAPITOLO VIII

Posizione italiana e worldwide taxation

L'approccio scelto dai vari Paesi industrializzati può essere distinto principalmente in un approccio di tipo *"jurisdictional"*, ovvero un approccio di tipo *"transactional"*.

Il metodo *"jurisdictional"* si fonda prima di tutto sull'individuazione della base territoriale del reddito, ossia delle giurisdizioni a fiscalità privilegiata ove le società estere sono costituite, sancendo l'imposizione nel Paese di residenza della controllante, dell'intero reddito prodotto dalla controllata, indipendentemente ed a prescindere dalla tipologia dei proventi che lo costituiscono.

Il metodo *"jurisdictional"* si caratterizza inoltre per la predilezione di un approccio per liste (*black list o white list*) riconosciute quale strumento privilegiato per determinare i territori qualificabili come paradisi fiscali, in modo da garantire sufficienti spazi di certezza giuridica ed omogeneità di trattamento a situazioni riverberanti distonie di sistema, solitamente e notoriamente, pericolose.

Risponde alla logica dell'approccio del sistema *"jurisdictional"* la legislazione fiscale britannica che, nell'aggiornare annualmente la lista dei Paesi a fiscalità privilegiata, in cui trovano spazio quei territori caratterizzati da un'imposta societaria inferiore al 25 per cento a quella vigente nel Regno Unito, assoggetta integralmente a tassazione i redditi della controllata estera, salvo dimostrazione che quest'ultima svolga un'effettiva attività industriale o commerciale e non ad una mera speculazione fiscale.

Il metodo *"jurisdictional"* in sintesi dà, pertanto, molta importanza alla localizzazione geografica in cui viene prodotto il reddito da sottoporre a tassazione, ma prescinde dalla natura dello stesso.

All'opposto, invece, l'approccio del sistema *"transactional"* si fonda sulla natura del reddito imputabile a tassazione, focalizzando l'attenzione su specifiche componenti reddituali derivanti da investimenti passivi, caratterizzate da elevata mobilità ed a maggior rischi di elusione fiscale internazionale, che vengono ricondotte a tassazione nel Paese della controllante qualora le sottostanti operazioni commerciali o di investimento si rivelino mosse non da interesse economico ma da mera speculazione fiscale volta essenzialmente e principalmente a non pagare le tasse.

In sintesi l'approccio *"transactional"* prescinde dalla localizzazione della controllata estera, non individua una definizione di paradiso fiscale e non prevede nessuna lista di Paesi a fiscalità privilegiata: questo è l'approccio, ad esempio della Germania.

Entrambi i sistemi mirano al contrasto dei fenomeni elusivi, partendo però da presupposti divergenti: l'approccio *"jurisdictional"* mira ad impedire la localizzazione delle proprie attività in paradisi fiscali, indipendentemente dalla tipologia di reddito cui le stesse danno luogo; quello *"transactional"*, invece si basa sulla constatazione che i contribuenti possano sottrarre all'imposizione, nel loro Paese di residenza, i redditi ad elevata mobilità e, come detto, non si cura della localizzazione dell'attività che produce il reddito.

Per quanto concerne il nostro Paese, da sempre regolato da un' amministrazione tributaria molto attenta e rigida nei fatti attinenti al Fisco, esso ha delineato nel corso degli anni la propria strategia nei confronti dei *tax haven*, facendo, storicamente, ricorso ad un approccio "per liste" (liste da non confondere con quelle dell'OCSE) volto ad individuare con esattezza i territori "a rischio" distinguendoli da quelli, diciamo, "virtuosi", non a rischio *offshore*.

Pertanto, per individuare quale dei due sistemi (*jurisdictional e transactional*) abbia scelto il Fisco italiano, possiamo senz'altro rispondere che scelto il primo di essi: cioè con l'approccio del sistema *"jurisdictional"*.

Il legislatore italiano, infatti, attraverso apposite norme tributarie, ha approntato la propria azione di opposizione e contrasto ai paradisi fiscali, aderendo allo *"jurisdictional approach"* prevedendo[35]:

- ➤ da un lato la tassazione per trasparenza dei redditi integralmente prodotti dalla controllata/consociata estera
- ➤ dall'altro, l'individuazione dei *tax haven* mediante decreti del Ministro dell'economia e Finanze pubblicati in Gazzetta Ufficiale.

A tal fine l'amministrazione finanziaria ha emanato, nel corso del tempo, molteplici *"listing"* selettivi (di tipo *black* o *white*, per omogeneità rispetto ai colori utilizzati dall'OCSE), che riguardavano svariati aspetti dell'imposizione e/o diversi settori dell'ordinamento giuridico.

Nel panorama tributario italiano, i principali decreti ministeriali emanati sono i seguenti:

- ➤ D.M. 4 settembre 1996, funzionale a garantire l'esenzione dei redditi di capitale di cui all'art. 26-bis del D.P.R. n. 600/1973.
- ➤ D.M. 21 novembre 2001, in tema di esenzione dei dividendi e le *black list* degli Stati pericolosi di cui ai successivi D.M.:

---

[35] Caramignoli Germano, Giove Giovanni (2011), *Black List e paradisi fiscali*, Maggioli editore, Santarcangelo di Romagna (RN)

- D.M. 4 maggio 1999, cui è correlata la presunzione di residenza delle persone fisiche ex articolo 2, comma 2-bis del TUIR.
- D.M. 21 novembre 2001, relativo all'applicazione delle "Cfs rules" ex articolo 167 e 168 del TUIR.
- D.M. 23 gennaio 2002, volto ad individuare i Paesi che innescano l'indeducibilità dei costi sostenuti con le imprese ivi localizzate ex articolo 110, commi 10 e ss. del TUIR.

Le liste che utilizza l'Erario italiano, essendo strutturate sul piano fiscale, si fondano sul binomio "tassazione inesistente – assenza di cooperazione internazionale", declinando verso una predilezione progressivamente maggiore, rispetto al passato, del secondo requisito sul primo, nonché delle *white list* sulle *blak list*, ex articolo 168-bis del TUIR.

Presupposto indefettibile per l'innesco della stringente normativa di contrasto ai paradisi fiscali, quindi, è la correlazione di componenti reddituali proprie di un'impresa residente a territori a fiscalità privilegiata, in virtù del legittimo sospetto (*melius* legittimo timore) che dietro normali rapporti commerciali o partecipativi si celi, in realtà, la volontà di localizzare ivi ingenti utilità per scopi non connessi affatto alla produttività aziendale od all'investimento societario, bensì solo all'elusione od all'evasione fiscale.

E' importante sottolineare che l'elencazione delle liste ha carattere tassativo e non può essere estesa per via interpretativa.

Le liste fino ad ora emanate dal Ministro dell'Economia e delle Finanze sono i DD.MM. 4 maggio 1999 (*figura 1*), 21 novembre 2001 (*black list in figura 2 e paesi in black list ma soltanto per determinati parametri riguardanti le partecipazioni societarie in figura 2b*) e 23 gennaio 2002 (*black list in figura 3 e paesi in black list ma soltanto per determinati parametri riguardanti le partecipazioni societarie in figura 3b*) che recano i nominativi dei Paesi a fiscalità privilegiata (*black list*).

D.M. 4 maggio 1999

Alderney	*Andorra*	*Anguilla*	*Antigua e Barbuda*
Antille Olandesi	*Aruba*	*Bahamas*	*Bahrein*
Barbados	*Belize*	*Bermuda*	*Brunei*
Cipro*	*Costa Rica*	*Dominica*	*Emirati Arabi Uniti*
Ecuador	*Filippine*	*Gibilterra*	*Gibuti*
Grenada	*Guernsey*	*Hong Kong*	*Isola di Man*
Isole Cayman	*Isole Cook*	*Isole Marshall*	*Isole Vergini Britanniche*

Jersey	Libano	Liberia	Liechtenstein
Macao	Malaysia	Maldive	Malta *
Mauritius	Monserrat	Nauru	Niue
Oman	Panama	Polinesia Francese	Principato di Monaco
San Marino	Sark	Seychelles	Saint Kitts e Nevis
Saint Lucia	Saint Vincent	Singapore	Grenadine
Svizzera	Taiwan	Tonga	Turks e Caicos
Tuvalu	Uruguay	Vanuatu	Samoa

* Stati eliminati dall'articolo 2, comma 1, D.M. 27 luglio 2010

Figura 1: **Black list del D.M. 4 maggio 1999**

D.M. 21 novembre 2001

Alderney	Andorra	Anguilla	Antille Olandesi
Aruba	Bahamas	Barbados	Barbuda
Belize	Bermuda	Brunei	Filippine
Gibilterra	Gibuti	Grenada	Guatemala
Guernsey	Herm	Hong Kong	Isola di Man
Isole Cayman	Isole Cook	Isole Marshall	Is. Turks e Caicos
Isole Vergini	Is. Vergini	Jersey	Kiribati

75

Brit.	statunit.		
Libano	Liberia	Liechtenstein	Macao
Malaysia	Maldive	Monserrat	Nauru
Niue	Nuova Caledonia	Oman	Polinesia Francese
Saint Kitts e Nevis	Salomone	Samoa	Saint Lucia
Saint Vincent	Grenadine	Sant'Elena	Sark
Seychelles	Singapore	Tonga	Tuvalu e Vanuatu

Figura 2: **Black list del D.M. 21 novembre 2001**

D.M. 21 novembre 2001

Angola	Antigua	Bahrein	Costarica
Dominica	Ecuador	Emirati Arabi Uniti	Giamaica
Kenia	Lussemburgo	Mautitius	Princ. di Monaco
Panama	Portorico	Svizzera	Uruguay

Figura 2b: **Black list del D.M. 21 novembre 2001**

D.M. 23 gennaio 2002

Alderney	Andorra	Anguilla	Antille Olandesi
Aruba	Bahamas	Barbados	Barbuda

Belize	Bermuda	Brunei	Filippine
Gibilterra	Gibuti	Grenada	Guatemala
Guernsey	Herm	Hong Kong	Isola di Man
Isole Cayman	Isole Cook	Isole Marshall	Is. Turks e Caicos
Isole Vergini Brit.	Is. Vergini statunit.	Jersey	Kiribati
Libano	Liberia	Liechtenstein	Macao
Malaysia	Maldive	Monserrat	Nauru
Niue	Nuova Caledonia	Oman	Polinesia Francese
Saint Kitts e Nevis	Salomone	Samoa	Saint Vincent
Grenadine	Sant'Elena	Sark	Seychelles
Tonga	Tuvalu	Vanuatu	

Figura 3: **Black list del D.M. 23 gennaio 2002**

D.M. 23 gennaio 2002

Angola	Antigua	Bahrein	Costarica
Dominica	Ecuador	Emirati Arabi Uniti	Giamaica
Kenia	Mautitius	Princ. di Monaco	Panama
Portorico	Singapore	Svizzera	Uruguay

Figura 3b: **Black list del D.M. 23 gennaio 2002**

La *black list* del D.M. 23 gennaio 2002 non contemplava al proprio interno Paesi appartenenti all'Unione Europea per espressa previsione normativa.

L'articolo 110, comma 10 del TUIR, nella versione antecedente alla modifica ad esso apportata dalla Finanziaria 2008, prevedeva, infatti che: *"non sono ammessi in deduzione le spese e gli altri componenti negativi derivanti da operazioni intercorse tra imprese residenti ed imprese domiciliate fiscalmente in Stati o territori non appartenenti all'Unione Europea aventi regimi fiscali privilegiati"*.

Sebbene il legislatore italiano abbia dimostrato, nel tempo, di preferire l'approccio per liste come strategia di contrasto ai *tax haven*, il nostro ordinamento tributario dispone di ulteriori norme di presidio a contrasto delle condotte elusive a dimensione sovranazionale, la cui applicazione prescinde dalla determinazione del Paese estero quale paradiso fiscale.

E' il caso del *"transfer pricing"* e dell'esterovestizione (di cui abbiamo già trattato in precedenza) per fittizia residenza estera dovuta all'assenza sul territorio straniero del "luogo di effettiva amministrazione".

Ulteriore fattispecie di contrasto che prescinde dalla localizzazione dell'impresa in un territorio *black list* è data dalla recente normativa introdotta nel TUIR dal D.L. n. 78/2009 e volta a prevedere, con modalità inedite e inusuali per la tradizione italiana, l'applicazione estensiva della disciplina "*Cfc rules*" anche a Paesi non compresi nel *listing* dei Paesi a fiscalità privilegiata, ma connotati da un livello di tassazione inferiore alla metà dell'imposizione cui la società estera verrebbe assoggettata in Italia, a condizione che la stessa ritragga più del 50 per cento dei propri proventi di gestione dalle attività tipiche delle *holding companies*.

In tal modo la disciplina "*Cfc rules*" viene estesa, quindi, a tutti gli insediamenti esteri oggetto di condotte elusive anche se non inseriti in *black list*.

Un'altra misura posta in essere dai governi degli Stati sovrani posta in essere nel corso degli anni allo scopo di evitare le massicce fughe di capitali verso i paradisi fiscali è quella del cd. scudo fiscale.

Nella particolarità italiana, lo scudo fiscale è una specie di condono riguardante la materia fiscale e tributaria che va a sanare completamente comportamenti illeciti come l'evasione da parte del contribuente e, soprattutto, mira a far rientrare, i capitali illecitamente detenuti all'estero.

L'ultimo governo Berlusconi, con la pubblicazione nella Gazzetta ufficiale italiana del D.L. 194/2009, cd. "Mille proroghe", riaprì i termini per poter usufruire dello scudo fiscale (cd. scudo fiscale Ter), per favorire il rimpatrio o la regolarizzazione delle attività finanziarie e patrimoniali illegalmente detenute all'estero fino al 31 dicembre 2008, a fronte del pagamento di una somma minima e simbolica del 5%, a titolo di imposte, interessi e sanzioni.

Inoltre tale norma prevedeva il pagamento delle imposte sui redditi relativi alle attività scudate prodotti nel periodo dal 1° gennaio 2009 alla presentazione della dichiarazione (entro il 15 dicembre 2009).

Il rimpatrio dei capitali era obbligatorio per tutti i paesi del mondo esclusi quelli dell'Unione Europea e la Norvegia.

Attraverso lo "scudo fiscale ter", l'amministrazione finanziaria italiana stimava un rientro di capitali pari a circa 300 miliardi di euro, anche se la cifra che, in effetti, sarebbe dovuta rientrare era di circa 5 miliardi di euro dato che non tutti i capitali italiani erano detenuti in Paesi a fiscalità privilegiata, quindi in *black list*[36].

I benefici dello "scudo fiscale ter" non riguardavano, ovviamente quei detentori di capitali già sottoposti ad accertamento fiscale o già sottoposti a procedimenti penali.

Oltre a poter usufruire di una tassazione irrisoria (5 per cento), lo "scudo fiscale ter" permetteva numerosi vantaggi anche a livello penale in quanto offriva la non punibilità per reati tributari, previsti dal D. Lgs. 74/2000, per i quali la legge

---

[36] De Filippis Marcello, Rota Luigi, (2010) *I paradisi fiscali*, Uni Service, Trento

prevedeva fino a sei anni di reclusione: omessa o infedele dichiarazione dei redditi, dichiarazione fraudolenta mediante falsa fatturazione, occultamento e distruzione di documentazione contabile e così via.

Con lo scudo fiscale, l'emersione dei capitali può avvenire tramite la forma del rimpatrio o della regolarizzazione a seconda se la disponibilità venga reintrodotta o meno sul territorio nazionale.

L'operazione di regolarizzazione, tuttavia, è sottoposta alla condizione che le attività finanziarie e patrimoniali siano detenute in un Paese dell'Unione Europea ovvero in un Paese aderente all'accordo sullo Spazio Economico Europeo[37], ove è garantito un effettivo scambio di informazioni in ambito amministrativo e fiscale.

A livello politico furono mosse pesanti accuse allo "scudo fiscale ter", che veniva visto come "un colpo di spugna" dello Stato, impotente contro le fughe di capitali all'estero e come la legalizzazione, di fatto, dell'illecita esportazione all'estero di denaro così come dell'elusione e dell'evasione fiscale.

A parere personale, però, il problema è ancora maggiore di quanto sostenuto dagli oppositori allo "scudo fiscale ter"

---

[37] L'accordo sullo Spazio Economico Europeo istituisce un unico mercato per agevolare gli scambi tra la Comunità Europea e i Paesi dell'associazione europea di libero scambio (AELS).

perché se da un lato, in effetti, tale misura può far rientrare i capitali in Italia, dall'altro può anche essere utilizzato, da soggetti di malaffare, per ripulire i capitali stessi: in pratica il rientro legale del denaro fa si che questo venga, in un sol colpo, legalizzato, ma anche "lavato", favorendo il riciclaggio che, non dimentichiamolo mai, è da sempre legato ai fenomeni *offshore*.

Da ciò assume importanza il concetto e/o principio della cd. fiscalità transnazionale che è un concetto attinente ai redditi transnazionali, cioè redditi relativi ad imprese che operano in diversi Stati sovrani: in tali casistiche l'obiettivo dei sistemi fiscali è quello di ottenere, da tali redditi prodotti in altri Stati, la legittima tassazione senza incorrere nella cosiddetta "doppia imposizione internazionale": qui entra in gioco la citata disciplina "*Cfc rules*"[38].

La disciplina "*Cfc rules*"[39], contenuta negli articoli 167 e 168 del TUIR, è volta a contrastare la pratica elusiva attuata, come detto, attraverso la partecipazione di soggetti residenti in Italia in società con sede in Paesi a regime privilegiato[40].

---

[38] Garbarino Carlo, (2005), M*anuale di tassazione internazionale*, IPSOA Editore, Assago (MI), pagg. 53 e ss.

[39] CFC: acronimo di "Controlled Foreign Companies".

[40] Gallo Sergio, (2010), *Elementi di diritto tributario*, Edizioni Simone, Napoli, pagg. 116 e ss.

Ai fini dell'applicazione delle disposizioni del regime "*Cfc rules*", i paesi a regime fiscale privilegiato, sono individuati, come abbiamo visto, sulla base delle "*white list*", di cui al secondo comma dell'articolo 168 bis, introdotto dalla Legge 244/2007 (contenuta nella finanziaria 2008).

"*White list*" che contiene, come detto, tutti quei Paesi e territori che consentono un adeguato scambio di informazioni e nei quali il livello di tassazione non è sensibilmente inferiore a quello applicato in Italia: i paesi non inclusi in essa sono, invece, automaticamente considerati a regime fiscale privilegiato.

Vediamo nel dettaglio i citati articoli 168 e 168 bis del T.U.I.R., nonché i richiamati articoli 167 del T.U.I.R. e 2359 del Codice Civile.

Articolo 167 T.U.I.R. - Disposizioni in materia di imprese estere controllate: Comma 1: "*Se un soggetto residente in Italia detiene, direttamente o indirettamente, anche tramite società fiduciarie o per interposta persona, il controllo di un'impresa, di una società' o di altro ente, residente o localizzato in Stati o territori diversi da quelli di cui al decreto del Ministro dell'economia e delle finanze emanato ai sensi dell'articolo 168-bis, i redditi conseguiti dal soggetto estero partecipato sono imputati, a decorrere dalla chiusura dell'esercizio o periodo di gestione del soggetto estero partecipato, ai soggetti residenti in proporzione alle partecipazioni* da essi detenute. Tali disposizioni si applicano anche per le partecipazioni in soggetti non residenti relativamente ai redditi derivanti da loro stabili organizzazioni situate in Stati o territori diversi da quelli di cui al citato decreto".

Comma 2: "Le disposizioni del comma 1 si applicano alle persone fisiche residenti e ai soggetti di cui agli articoli 5 e 73, comma 1, lettere a), b) e c)".

Comma 3: "Ai fini della determinazione del limite del controllo di cui al comma 1, si applica l'articolo 2359 del codice civile, in materia di società controllate e società collegate".

Comma 4: *abrogato*

Comma 5: "Le disposizioni del comma 1 non si applicano se il soggetto residente dimostra, alternativamente, che:

a) la società o altro ente non residente svolga un'effettiva attività industriale o commerciale, come sua principale attività, nel mercato dello stato o territorio di insediamento; per le attività bancarie, finanziarie e assicurative quest'ultima condizione si ritiene soddisfatta quando la maggior parte delle fonti, degli impieghi o dei ricavi originano nello Stato o territorio di insediamento;

b) dalle partecipazioni non consegue l'effetto di localizzare i redditi in Stati o territori diversi da quelli di cui al decreto del Ministro dell'economia e delle finanze emanato ai sensi dell'articolo 168-bis. Per i fini di cui al presente comma, il contribuente deve interpellare preventivamente l'amministrazione finanziaria, ai sensi *dell'articolo 11 della legge 27 luglio 2000, n. 212, recante lo statuto dei diritti del contribuente".*

Comma 5-bis: *"La previsione di cui alla lettera a) del comma 5 non si applica qualora i proventi della società o altro ente non residente provengono per più del 50% dalla gestione, dalla detenzione o dall'investimento in titoli, partecipazioni, crediti o altre attività finanziarie, dalla cessione o dalla concessione in uso di diritti immateriali relativi alla proprietà industriale, letteraria o artistica, nonché dalla prestazione di servizi nei confronti di soggetti che direttamente o indirettamente controllano la società o l'ente non residente, ne sono controllati o sono controllati dalla stessa società che controlla la società o l'ente non residente, ivi compresi i servizi finanziari".*

Comma 6: *"I redditi del soggetto non residente, imputati ai sensi del comma 1, sono assoggettati a tassazione separata con l'aliquota media applicata sul reddito complessivo del soggetto residente e, comunque, non inferiore al 27 per cento. I redditi sono determinati in base alle disposizioni del titolo I, capo VI, nonché degli articoli 84, 96, 111, 112; non si applicano le disposizioni di cui agli articoli 58 e 86, comma 4, e 102, comma 3. Dall'imposta così determinata sono ammesse in detrazione, ai sensi dell'articolo 165, le imposte pagate all'estero a titolo definitivo".*

Comma 7: *"Gli utili distribuiti, in qualsiasi forma, dai soggetti non residenti di cui al comma 1 non concorrono alla formazione del reddito dei soggetti residenti fino all'ammontare del reddito assoggettato a tassazione, ai sensi del medesimo comma 1, anche negli esercizi precedenti. Le imposte pagate all'estero, sugli utili che non concorrono alla formazione del reddito ai sensi del primo periodo del presente comma, sono ammesse in detrazione, ai sensi dell'articolo 165, fino a concorrenza delle imposte applicate ai sensi del comma 6, diminuite degli importi ammessi in detrazione per effetto del terzo periodo del predetto comma".*

Comma 8: *"Omissis".*

Comma 8-bis: *"La disciplina di cui al comma 1 trova applicazione anche nell'ipotesi in cui i soggetti controllati ai sensi dello stesso comma sono localizzati in stati o territori diversi da quelli ivi richiamati, qualora ricorrono congiuntamente le seguenti condizioni:*

a) sono assoggettati a tassazione effettiva inferiore a più della metà di quella a cui sarebbero stati soggetti ove residenti in Italia;

b) hanno conseguito proventi derivanti per più del 50% dalla gestione, dalla detenzione o dall'investimento in titoli, partecipazioni, crediti o altre attività finanziarie, dalla cessione o dalla concessione in uso di diritti immateriali relativi alla proprietà industriale, letteraria o artistica nonché dalla prestazione di servizi nei confronti di soggetti che direttamente o indirettamente controllano la società o l'ente non residente, ne sono controllati o sono controllati dalla stessa società che controlla la società o l'ente non residente, ivi compresi i servizi finanziari".

Comma 8-ter: *"Le disposizioni del comma 8-bis non si applicano se il soggetto residente dimostra che l'insediamento all'estero non rappresenta una costruzione artificiosa volta a conseguire un indebito vantaggio fiscale. Ai fini del presente comma il contribuente deve interpellare l'amministrazione finanziaria secondo le modalità indicate nel precedente co. 5".*

Articolo 2359 del codice civile: *"Sono considerate società controllate:*

1) le società in cui un'altra società dispone della maggioranza dei voti esercitabili nell'assemblea ordinaria;

2) le società in cui un'altra società dispone di voti sufficienti per esercitare un'influenza dominante nell'assemblea ordinaria;

3) le società che sono sotto influenza dominante di un'altra società in virtù di particolari vincoli contrattuali con essa.

Ai fini dell'applicazione dei numeri 1) e 2) del primo comma si computano anche i voti spettanti a società controllate, a società fiduciarie e a persona interposta; non si computano i voti spettanti per conto di terzi.

Sono considerate collegate le società sulle quali un'altra società esercita un'influenza notevole. L'influenza si presume quando nell'assemblea ordinaria può essere esercitato almeno un quinto dei voti ovvero un decimo se la società ha azioni quotate in borsa".

Articolo 168 del T.U.I.R.- Disposizioni in materia di imprese estere collegate: comma 1: *"Salvo quanto diversamente disposto dal presente articolo, la norma di cui all'articolo 167, con l'esclusione di quanto disposto al comma 8-bis si applica anche nel caso in cui il soggetto residente in Italia detiene, direttamente o indirettamente, anche tramite società fiduciarie o per interposta persona, una partecipazione non inferiore al 20 per cento agli utili di un'impresa, di una società o di altro ente, residente o localizzato in Stati o territori diversi da quelli di cui al decreto del Ministro dell'economia e delle finanze emanato ai sensi dell'articolo 168-bis; tale percentuale è ridotta al 10 per cento nel caso di partecipazione agli utili di società quotate in borsa. La norma di cui al presente comma non si applica per le partecipazioni in soggetti residenti negli Stati o territori di cui al citato decreto relativamente ai redditi derivanti da loro stabili organizzazioni situate in Stati o territori diversi da quelli di cui al medesimo decreto".*

Comma 2: *"I redditi del soggetto non residente oggetto di imputazione sono determinati per un importo corrispondente al maggiore fra:*

a) l'utile prima delle imposte risultante dal bilancio redatto dalla partecipata estera anche in assenza di un obbligo di legge;

b) un reddito induttivamente determinato sulla base dei coefficienti di rendimento riferiti alle categorie di beni che compongono l'attivo patrimoniale di cui al successivo comma 3".

Comma 3: "*Per la determinazione forfettaria di cui al comma 2 si applicano i seguenti coefficienti:*

a) l'1 per cento sul valore dei beni indicati nell'articolo 85, comma 1, lettere c), d) ed e), anche se costituiscono immobilizzazioni finanziarie, aumentato del valore dei crediti;

b) il 4 per cento sul valore delle immobilizzazioni costituite da beni immobili e da beni indicati nell'articolo 8-bis, comma 1, lettera a), del decreto del Presidente della Repubblica 26 ottobre 1972, n. 633, e successive modificazioni, anche in locazione finanziaria;

c) il 15 per cento sul valore delle altre immobilizzazioni, anche in locazione finanziaria".

Comma 4: "*Omissis*".

Articolo 168-bis del T.U.I.R. - Paesi e territori che consentono un adeguato scambio di informazioni: Comma 1: "*Con decreto del Ministro dell'economia e delle finanze sono individuati gli Stati e territori che consentono un adeguato scambio di informazioni, ai fini dell'applicazione delle disposizioni contenute negli articoli 10, comma 1, lettera e-bis), 73, comma 3, e 110, commi 10 e 12-bis, del presente testo unico, nell'articolo 26, commi 1 e 5, nonché nell'articolo 27, comma 3-ter, del decreto del Presidente della Repubblica 29 settembre 1973, n. 600, e successive modificazioni, nell'articolo 10-ter, commi 1 e 9, della legge 23 marzo 1983, n. 77, e successive modificazioni, negli articoli 1, comma 1, e 6, comma 1, del decreto legislativo 1° aprile 1996, n. 239, e successive modificazioni, nell'articolo 2, comma 5, del decreto-legge 25 settembre 2001, n. 351, convertito, con modificazioni, dalla legge 23 novembre 2001, n. 410".*

Comma 2: *"Con lo stesso decreto di cui al comma 1 sono individuati gli Stati e territori che consentono un adeguato scambio di informazioni e nei quali il livello di tassazione non e' sensibilmente inferiore a quello applicato in Italia, ai fini dell'applicazione delle disposizioni contenute negli articoli 47, comma 4, 68, comma 4, 87, comma 1, 89, comma 3, 132, comma 4, 167, commi 1 e 5, e 168, comma 1, del presente testo unico, nonché negli articoli 27, comma 4, e 37-bis, comma 3, del decreto del Presidente della Repubblica 29 settembre 1973, n. 600, e successive modificazioni".*

[41]In sintesi i suddetti articoli forniscono una disciplina relativa ai casi di imprese estere collegate, gestite da soggetti italiani e recepiscono la normativa internazionale circa i paesi da considerare a regime fiscale privilegiato, in relazione ai dettami della normativa *"Cfc rules"*.

Normativa che trova applicazione quando un soggetto residente in Italia detiene il "controllo (in base ai criteri fissati dall'art. 2359 del codice civile) diretto o indiretto", di una

---

[41] Gallo Sergio, (2010), *Elementi di diritto tributario*, Edizioni Simone, Napoli, pagg. 116 e ss.

società estera avente sede in un Paese o in un territorio a fiscalità privilegiata.

Dunque il controllo può realizzarsi anche tramite società a sua volta controllata, società fiduciaria o per interposta persona.

Destinatario di queste disposizioni è il soggetto residente che detiene la partecipazione di controllo: esso può essere persona fisica, società di persone, società di capitale, ente pubblico o privato, commerciale o non commerciale; rimangono esclusi dalle citate disposizioni, quindi, soltanto gli enti e le società non residenti.

Secondo le nuove disposizioni introdotte dal decreto legge 78/2009, la disciplina in esame si applica anche nell'ipotesi in cui i soggetti controllati sono localizzati in Stati diversi da quelli a fiscalità privilegiata, purché:

> ➤ siano assoggettati a tassazione effettiva inferiore a più della metà di quella a cui sarebbero stati soggetti in Italia;
> ➤ hanno conseguito proventi derivati per più del 30 per cento della gestione, detenzione o investimento in titoli e partecipazioni, dalla cessione o concessione in uso di diritti immateriali relativi alla proprietà industriale, nonché della prestazione di servizi nei confronti di soggetti che direttamente o

indirettamente controllano la società non residente, ne sono controllati o sono controllati dalla stessa società che controlla la società o l'ente non residente. Le regole per la determinazione dei redditi del soggetto estero, in linea generale, sono quelle relative al reddito d'impresa ma non è possibile ricorrere alla rateizzazione delle plusvalenze, né all'ammortamento anticipato o accelerato: i redditi così determinati sono imputati al soggetto residente e tassati separatamente con l'aliquota media, non inferiore, al 27 per cento, applicata al reddito complessivo del residente stesso.

Dal 1° gennaio 2004[42], in base al citato articolo 168 del TUIR, la normativa relativa alle "*Cfc rules*" trova applicazione anche nel caso di imprese estere collegate, in cui cioè il soggetto residente in Italia detiene, direttamente o indirettamente (anche tramite società fiduciarie o per interposta persona) una partecipazione non inferiore al 20 per cento agli utili di un'impresa localizzata in un Paese a regime fiscale privilegiato: percentuale che si riduce al 10 per cento nel caso di partecipazione agli utili di società quotata in borsa.

---

[42] Garbarino Carlo, (2005), *Manuale di tassazione internazionale*, IPSOA Editore, Assago (MI), pagg. 19 e ss.

Sempre in relazione al problema dei paradisi fiscali e della fiscalità transnazionale è interessante soffermarsi sull'articolo 110 del TUIR che impedisce la deduzione dei componenti negativi di reddito derivanti da operazioni concluse tra un'impresa italiana ed una estera, localizzata in un Paese o territorio a regime fiscale privilegiato.

La disciplina in materia di *controlled foreign companies* è uno dei più chiari esempi applicativi del principio della tassazione del reddito mondiale (*worldwide taxation*), poiché comporta l'attribuzione anticipata, ovvero senza attendere il rimpatrio del dividendo, che potrebbe non esserci nel medesimo periodo d'imposta, al soggetto economico detentore di una partecipazione rilevante (di controllo o di collegamento) dell'utile prodotto da una società residente in un Paese *black list*.

La *ratio* dell'istituto è, quindi, quella di contrastare un indefinito differimento del prelievo in Italia, conseguente all'investimento nel Paese *black list*, a fronte di un'imposizione spesso irrisoria nella giurisdizione *offshore*.

In estrema sintesi, le "*CFC rules*" sono normative adottate da paesi a tassazione ordinaria al fine di contrastare il trasferimento di reddito imponibile verso i paesi a regime di fiscalità privilegiata: fenomeno sempre più massiccio negli ultimi decenni.

Al verificarsi delle condizioni stabilite dalle singole normative nazionali, l'Amministrazione Finanziaria sarà legittimata ad imputare alla società controllante residente i redditi dei soggetti partecipati non residenti (*Controlled Foreign Companies*).

In Italia tale legislazione è stata introdotta con l'articolo 1, comma 1, della legge 21/11/2000 n. 342, che ha inserito nel decreto Presidente della Repubblica n. 917/86 l'articolo 127-*bis*.

Il decreto legislativo n. 344/2003 (decreto Ires), in attuazione dei criteri direttivi contenuti nella legge delega n. 80/2003, da un lato ha trasfuso senza grandi modifiche il testo dell'articolo 127-*bis* nel nuovo articolo 167 e, dall'altro, ha introdotto l'articolo 168 in materia di imprese estere collegate.

Vi sono poi alcune esimenti, previste dall'articolo 167, comma 5, lettera a) e b) relative alla circostanza che dalle partecipazioni detenute non consegua l'effetto di localizzare i redditi nella giurisdizione privilegiata.

Tali esimenti consentono di evitare l'integrale imposizione degli utili distribuiti dalla società controllata/collegata *black list* nonché di beneficiare di un regime più mite di tassazione della plusvalenza[43] derivante

---

[43] la plusvalenza è un aumento di valore entro un determinato periodo di tempo di beni immobili (ad esempio abitazioni) e di valori mobiliari (ad esempio azioni).

dalla cessione di partecipazioni in imprese residenti nel *tax haven*, a condizione che l'effetto di delocalizzazione non sia stato prodotto fin dall'inizio del possesso delle partecipazioni stesse.

La disciplina delle *"Cfc rules"* riguarda sia le partecipazioni a società controllate sia a società collegate.

Molto importante è il concetto, comunque già citato, dato dall'articolo 13 del D.L. n. 78/2009 che ha apportato modifiche all'articolo 167 Tuir, includendo nel perimetro di applicazione delle *"Cfc rules"* anche i rapporti di controllo con imprese non *black list*, qualora la società estera:

> ➢ benefici di un livello di tassazione inferiore alla metà di quello a cui verrebbe assoggettata in Italia, applicando le regole del Tuir.

> ➢ Ritragga più della metà dei propri proventi di gestione dalle attività tipiche delle *holding companies* nonché da prestazioni di servizio intercompany.

In tal modo, a prescindere dallo Stato estero di residenza della società controllata e dall'inclusione nel *listing* di cui al D.M. 21 novembre 2001, viene ad essere penalizzata la

---

Questo aumento di valore ha rilevanza soprattutto ai fini fiscali in quanto le plusvalenze indicano una maggiore capacità contributiva e sono spesso gravate da imposte dirette. Le plusvalenze derivanti da partecipazioni qualificate indicate nella lett. c) dell'art. 67 del TUIR concorrono alla determinazione del reddito complessivo.

delocalizzazione di *asset* passivi ad elevata mobilità ed a maggior rischio di elusione.

Parliamo ora, in sintesi, di alcuni concetti che costituiscono i pilastri della fiscalità moderna.

In ogni ordinamento, la territorialità costituisce uno dei requisiti indispensabili per l'applicazione del tributo, delimitando la dimensione spaziale ove trovano vigenza giuridica le regole per la determinazione impositiva, in definitiva, il potere sovrano dello Stato, perché è ovvio che le norme di profanazione statale non possono che essere efficaci, infatti, che su un territorio ben individuato.

Se il principio della territorialità tradizionalmente sottende l'esercizio del potere legislativo delimitando i confini della giurisdizione, il diritto tributario, all'opposto, travalica il "suolo della patria" ispirandosi ad una concezione di tassazione delle persone fisiche e giuridiche residenti su scala mondiale, in linea con un sistema economico globalizzato ormai trascendente ogni limite di confine dei mercati locali: è questa la cd. "*worldwide taxation*" (letteralmente: tassazione mondiale), riservata da alcuni Stati ai propri concittadini, tra i quali, l'Italia che esplica il già esaminato concetto di ultra territorialità del diritto tributario.

Il sistema tributario basato sulla "*worldwide taxation*" si va a contrapporre ai sistemi tributari basati non su base mondiale, bensì territoriale che prevedono, all'opposto, l'imposizione dei redditi prodotti solo sul territorio di riferimento.

Tali sistemi territoriali esercitano, ovviamente, un'influente forza attrattiva sui soggetti esteri per gli indubbi vantaggi fiscali connessi: ecco il motivo per cui i Paesi che si basano sul sistema territoriale sono pertanto, in definitiva, paradisi fiscali.

Il sistema della *"worldwide taxation"* comporta, come disposto in Italia dagli articoli 3 e 81 del TUIR per persone fisiche e società, che venga tassato il reddito complessivo del soggetto residente ovunque (ed indipendentemente da dove) esso sia stato prodotto.

Ne deriva, ovviamente, la necessità da parte degli Stati che applicano la *"worldwide taxation"* di approntare un sistema di controllo in grado di "scovare" eventuali proventi occulti e conseguiti all'estero, al fine di evitare che i propri cittadini possano eludere l'imposizione nazionale attraverso la semplice delocalizzazione, fuori confine, dei relativi proventi (come abbiamo visto nel caso del pilota Valentino Rossi ed altri), eventualmente in giurisdizioni privilegiate che consentano l'anonimato bancario e l'opacità societaria, oltre ad un regime fiscale di estremo favore.

E' altrettanto ovvia la difficoltà (e l'impossibilità), da parte degli investigatori fiscali italiani di monitorare tutti i nostri concittadini all'estero e tutti i territori esteri: da tale impossibilità, probabilmente discende il "colpo di spugna" dello scudo fiscale ter del Ministro Tremonti, così come altri indulti dei quali è satura la storia tributaria del nostro Paese (si contano almeno cinque "amnistie fiscali e penali" nella storia italiana degli ultimi 10 anni).

Come detto, le amnistie fiscali possono essere viste attraverso due diversi punti di vista: per alcuni non sarebbe altro che una sconfitta dello Stato sovrano, per altri, invece, esse sarebbero utili almeno per recuperare parte delle ricchezze portate oltre frontiera.

Ma allora, se l'amnistia fiscale non è un mezzo efficace a contrastare i fenomeni elusivi e di evasione fiscale internazionale legati al (e figli del) sistema della *"worldwide taxation"*, qual è il metodo efficace che contemperi le esigenze di impresa con l'esigenza, costituzionalmente garantita, della giusta tassazione?

Potemmo sicuramente rispondere che l'unica azione di contrasto possibile è quella che ha come presupposto un'accurata e profonda cooperazione internazionale tra Stati e tra autorità fiscali dei diversi Stati: senza la cooperazione internazionale, infatti, la *"worldwide taxation"* non è soltanto difficile da attuare, ma è, anzi, praticamente impossibile da attuare.

Recentemente, soprattutto negli ultimi anni, sono stati fatti molti passi avanti nella cooperazione internazionale sia tra Stati un tempo restii a scambiare informazioni con i Paesi più industrializzati, sia grazie ad alcuni interventi in materia del Consiglio dell'Unione Europea sia nel settore dei redditi sia nel settore Iva, di cui abbiamo accennato in precedenza.

In materia di convenzioni internazionali, assumono fondamentale importanza quelle stipulate dai vari Stati per evitare la doppia imposizione fiscale che, naturalmente, è un concetto strettamente legato al sistema della *"worldwide taxation"*.

Tali convenzioni che sono state stipulate nel corso degli anni dallo Stato italiano, singolarmente, con altri Stati, firmandole talvolta nel nostro territorio ed altre volte all'estero, sono le seguenti (compresa la località della stipulazione dell'accordo) in ordine alfabetico:

- *Albania, Tirana, 12.12.1994, L. 21.05.1998, n.175;*
- *Algeria, Algeri, 03.02.1991, L. 14.12.1994, n.711;*
- *Argentina, Roma, 15.11.1979, L. 27.04.1982, n.282;*
- *Australia, Canberra, 14.12.1982, L. 27.05.1985, n.292;*
- *Austria, Vienna, 29.06.1981, L. 18.10.1984, n.762;*
- *Bangladesh, Roma, 20.03.1990, L. 05.07.1995, n.301;*

- *Belgio, Roma, 29.04.1983, L. 03.04.1989, n.148;*
- *Brasile, Roma, 03.10.1978, L. 29.11.1980, n.844;*
- *Canada, Toronto, 17.11.1977, L. 21.12.1978, n.912;*
- *Cina, Pechino, 31.10.1986, L. 31.10.1989, n.376;*
- *Cipro, Nicosia, 24.04.1974, L. 10.07.1982, n.564;*
- *Corea del Sud, Seul, 10.01.1989, L. 10.02.1992, n.199;*
- *Costa d'Avorio, Abidjan, 30.07.1982, L. 27.05.1985, n.293;*
- *Danimarca, Copenaghen, 05.05.1999, L. 11.07.2002, n.745;*
- *Ecuador, Quito, 23.05.1984, L. 31.10.1989, n.377;*
- *Egitto, Roma, 07.05.1979, L. 25.05.1981, n.387;*
- *Emirati Arabi Uniti, Abu Dhabi, 22.01.1995, L. 28.08.1997, n.309;*
- *Estonia, Tallinn, 20.03.1997, L.19.10.1999, n.427;*
- *Etiopia, Roma, 08.04.1997, L. 19.08.2003, n.242;*
- *Filippine, Roma, 05.12.1980, L. 28.08.1989, n.312;*
- *Finlandia, Helsinki, 12.06.1981, L. 25.01.1983, n.38;*
- *Francia, Venezia, 05.10.1989, L. 07.01.1992, n.20;*
- *Georgia, Roma, 31.10.2000, L.11.07.2003, n.205;*
- *Ghana, Accra, 19.02.2004, L. 06.02.2006, n.48;*
- *Germania, Bonn, 18.10.1989, L. 24.11.1992, n.459;*
- *Giappone, Tokyo, 20.03.1969, L. 18.12.1972, n.855;*
- *Grecia, Atene, 03.09.1987, L.30.12.1989, n.445;*
- *India, New Delhi, 19.02.1993, L. 14.07.1995, n.319;*
- *Indonesia, Giacarta, 18.02.1990, L. 14.12.1994, n.707;*

- Irlanda, Dublino, 11.06.1971, L. 09.10.1974, n.583;
- Israele, Roma, 08.09.1995, L. 09.10.1997, n.371;
- Jugoslavia Ex, Belgrado, 24.02.1982, L. 18.12.1984, n.974;
- Kazakhistan, Roma, 22.09.1994, L. 12.03.1996, n.174;
- Kuwait, Roma, 17.12.1987, L. 07.01.1992, n.53;
- Lituania, Vilnius, 04.04.1996, L.09.02.1999, n.31;
- Lussemburgo, Lussemburgo, 03.06.1981, L.14.08.1982, n.747;
- Macedonia, Roma, 20.12.1996, L. 19.10.1999, n.482;
- Malaysia, Kuala Lumpur, 28.01.1984, L. 14.10.1985, n.607;
- Malta, La Valletta, 16.07.1981, L. 02.05.1983, n.304;
- Marocco, Rabat, 07.06.1972, L. 05.08.1981, n.504;
- Mauritius, Port Louis, 09.03.1990, L. 14.12.1994, n.712;
- Messico, Roma, 08.07.1991, L. 14.12.1994, n.710;
- Mozambico, Maputo, 14.12.1998, L.23.04.2003, n.110;
- Norvegia, Roma, 17.06.1985, L. 02.03.1987, n.108;
- Nuova Zelanda, Roma, 06.12.1979, L. 10.07.1982, n.566;
- Oman, Mascate, 06.05.1998, L. 11.03.2002, n.50;
- Paesi Bassi, L'Aja, 08.05.1990, L. 26.07.1993, n.305;
- Pakistan, Roma, 22.06.1984, L. 28.08.1989, n.313;
- Polonia, Roma, 21.06.1985, L. 21.02.1989, n.97;
- Portogallo, Roma, 14.05.1980, L. 10.07.1982, n.562;
- Regno Unito, Pallanza, 21.10.1988, L. 05.11.1990, n.329;
- Repubblica Ceca, Praga, 05.05.1981, L. 02.05.1983, n.303;

- Repubblica Slovacca, Praga, 05.05.1981, L. 02.05.1983, n.303;
- Romania, Bucarest, 14.01.1977, L. 18.10.1978, n.680;
- Russia, Roma, 09.04.1996, L. 09.10.1997, n.370;
- Senegal, Roma, 20.07.1998, L. 20.12.2000, n.417;
- Siria, Damasco, 23.11.2000, L. 28.04.2004, n.130;
- Singapore, Singapore, 29.01.1977, L. 26.07.1978, n.575;
- Spagna, Roma, 08.09.1977, L. 29.09.1980, n.663;
- Sri Lanka, Colombo, 28.03.1984, L. 28.08.1989, n.314;
- Stati Uniti, Roma, 25.09.1999, L. 03.03.2009, n. 20;
- Sud Africa, Roma, 16.11.1995, L. 15.12.1998, n.473;
- Svezia, Roma, 06.03.1980, L. 04.06.1982, n.439;
- Svizzera, Roma, 09.03.1976, L. 23.12.1978, n.943;
- Tanzania, Dar Es Salam, 07.03.1973, L. 07.10.1981, n.667;
- Thailandia, Bangkok, 22.12.1977, L. 02.04.1980, n.202;
- Trinidad e Tobago, Port of Spain, 26.03.1971, L. 20.03.1973, n.167;
- Tunisia, Tunisi, 16.05.1979, L. 25.05.1981, n.388;
- Turchia, Ankara, 27.07.1990, L. 07.06.1993, n.195;
- Ucraina, Kiev, 26.02.1997, L. 11.07.2002, n.169;
- Uganda, Kampala, 06.10.2000, L. 10.02.2005, n.18;
- Ungheria, Budapest, 16.05.1977, L. 23.07.1980, n.509;
- Uzbekistan, Roma, 21.11.2000, L.10.01.2004, n.22;
- Venezuela, Roma, 05.06.1990, L. 10.02.1992, n.200;

- *Vietnam, Hanoi, 26.11.1996, L. 15.12.1998, n.474;*
- *Zambia, Lusaka, 27.10.1972, L.27.04.1982, n.286.*

Questi accordi bilaterali sono uno strumento di politica tributaria internazionale ed hanno lo scopo di evitare il fenomeno per cui lo stesso presupposto tassabile, sia soggetto due volte a tassazione in due diversi stati, ad esempio per evitare la tassazione del reddito sia nel paese in cui questo è stato prodotto sia nel paese di residenza del soggetto che lo ha prodotto.

Le convenzioni infatti regolano i rapporti tributari tra i soggetti che operano negli stati firmatari della convenzione e che sono collegati quindi agli stessi.

Come tutte le convenzioni internazionali, anche quelle contro la doppia imposizione hanno valore superiore alla legge nazionale e, nei casi in cui è previsto, prevalgono su questa, così che il giudice tributario sarà tenuto a disapplicare la normativa interna per applicare quanto previsto dalla convenzione.

Le convenzioni internazionali di diritto tributario internazionale e lo scambio di informazioni sono strumenti necessari ed indispensabili per una corretta applicazione del sistema della tassazione globale.

Secondo recenti stime (fonte: Agenzia delle Entrate[44]), la tassazione recuperata dal Fisco italiano rispetto ai capitali trasferiti all'estero è andata di pari passo con il recupero a tassazione dei redditi e dall'anno 2008 all'anno 2011 i redditi recuperati a tassazione dai paradisi fiscali dal Fisco italiano sarebbero più che raddoppiati.

CAPITOLO IX
Organismi e politiche sovranazionali

Alle iniziative intraprese dai singoli Stati per arginare il fenomeno del dirottamento illecito di flussi reddituali e finanziari verso i paradisi fiscali, si è affiancata la partecipazione "a supporto", di alcuni organismi internazionali perché l'azione dei Paesi singoli, da sola non è bastata ad arginare il fenomeno sempre più straripante dei sistemi *offshore*.

La cooperazione degli organismi internazionali ha prodotto effetti positivi nella lotta ai paradisi fiscali: effetti che si sono concretizzati essenzialmente in una drastica riduzione dei Paesi compresi nelle *black list* ed in un aumento progressivo delle dichiarazioni di intenti per una maggiore collaborazione (cd *commitment*), delle convenzioni contro le doppie imposizioni e dei trattati di cooperazione amministrativa stipulati.

---

[44] www.agenziaentrate.gov.it

Rispetto all'azione dei singoli Stati, quelle poste in essere dagli organismi sovranazionali (e comunitari) sono le uniche in grado realmente di imporre misure di salvaguardia generalmente condivise ed accettate o per intrinseca validità delle stesse o per timore di isolamento internazionale da parte dei Paesi refrattari ad una loro adozione.

L'attività svolta dall'Unione Europea a contrasto dei paradisi fiscali è stata caratterizzata da minor incisività rispetto ai risultati ottenuti dagli organismi sovranazionali come OCSE e GAFI (di cui nel prosieguo), probabilmente sia perché, come abbiamo più volte ripetuto, l'Unione Europea racchiude in sé molti paradisi fiscali, sia perché gli organismi comunitari hanno lasciato libero arbitrio alle singole legislazioni dei singoli Paesi dell'Unione Europea nel contrasto al fenomeno *offshore*.

Qualcosa, però, è stato comunque fatto, ad esempio, sotto il profilo dell'imposizione diretta, il Consiglio dell'Unione Europea ha approvato la Direttiva 2011/16 del 15 febbraio 2011 volta ad introdurre forme più incisive di cooperazione amministrativa fondate su una base comune di norme, obblighi e diritti.

In sintesi tale Direttiva prevede nuove disposizioni legislative e regolamentari con cui ogni Stato membro dovrà conformarsi necessariamente ai nuovi obblighi in materia di cooperazione amministrativa e dal primo gennaio 2015 entrerà in vigore lo scambio automatico di informazioni tra le autorità fiscali dei ventisette Stati membri.

Le forme di cooperazione amministrativa previste fra le autorità fiscali degli Stati membri si suddividono in tre diverse tipologie:

> ➢ *Scambio di informazioni su richiesta*: fondate su una specifica richiesta effettuata da uno Stato membro ad un altro Stato membro.
>
> ➢ *Scambio automatico*: la comunicazione informativa avviene sistematicamente ad intervalli regolari e senza alcuna preventiva richiesta tra Stati membri.
>
> ➢ *Scambio spontaneo*: che si ha quando vengono trasmesse informazioni occasionalmente, in qualsiasi momento e senza preventiva richiesta, ad esempio quando uno Stato ha fondato motivo di ritenere che sussista una perdita di gettito fiscale nell'altro Stato membro ovvero qualora il contribuente ivi residente consegna un esonero o una riduzione d'imposta che comporti *ex se* un assoggettamento a tassazione nell'altro Stato membro.

E' data la possibilità allo Stato membro di non dar luogo alla richiesta pervenuta dall'altro Stato membro qualora la divulgazione dell'informazione richiesta sia contraria alla propria legislazione nazionale, qualora lo Stato richiedente non sia in grado di fornire informazioni equivalenti (principio della reciprocità) o qualora la divulgazione dell'informazione richiesta possa arrecare danno o pregiudizio al segreto commerciale, professionale o industriale ovvero sia contraria all'ordine pubblico interno.

Uno dei più importanti organismi sovranazionali ed internazionali in materia di contrasto ai paradisi fiscale è l'OCSE.

L'O.C.S.E., acronimo di Organizzazione per la Cooperazione e lo Sviluppo Economico, è stata istituita il 30 settembre 1961 a seguito della soppressione dell'O.E.C.E., organizzazione creata nel 1948 per amministrare il c.d. "Piano Marshall", nell'ambito della ricostruzione postbellica dell'economia europea.

Fin dalla redazione del "Rapporto *Harmful Tax Competition: An emerging global issue*" dell'aprile 1998, l'OCSE ha sviluppato una progressiva azione tendente non solo ad identificare ed eliminare le pratiche fiscali dannose nei Paesi appartenenti all'organizzazione, ma anche ad individuare i paradisi fiscali, invitandoli a sottoscrivere dichiarazioni di impegno (cd. *commitment*) per una maggior trasparenza e collaborazione amministrativa, nonché a partecipare a lavori di approfondimento in tal senso.

Dai venti Paesi iniziali, tra cui l'Italia, Paese fondatore, l'OCSE raccoglie oggi trentaquattro Paesi membri, Paesi tra i più industrializzati a livello mondiale, vale a dire: Australia, Austria, Belgio, Canada, Cile, Danimarca, Estonia, Finlandia, Francia, Germania, Giappone, Gran Bretagna, Grecia, Irlanda, Islanda, Israele, Italia, Lussemburgo, Messico, Norvegia, Nuova Zelanda, Paesi Bassi, Polonia, Portogallo, Repubblica Ceca, Repubblica di Corea, Repubblica Slovacca, Slovenia, Spagna, Stati Uniti, Svezia, Svizzera, Turchia, Ungheria), tra i quali Cile, Estonia, Israele e Slovenia di più recente adesione (tra maggio e dicembre 2010).

L'OCSE mantiene stretti contatti con le altre Organizzazioni Internazionali e con i Paesi non membri, i quali possono partecipare come osservatori ai lavori dei Comitati o a determinati programmi dell'Organizzazione.

Gli obiettivi dell'OCSE sono indicati nella Convenzione istitutiva e consistono nel:

1. realizzare più alti livelli di crescita economica, di occupazione e del tenore di vita, garantendo il necessario mantenimento della stabilità finanziaria;
2. contribuire allo sviluppo dei paesi non membri;
3. promuovere e liberalizzare il commercio mondiale su base multilaterale e non discriminatoria.

Tali obiettivi tendono alla realizzazione di più alti livelli di crescita economica alla luce del concetto di sviluppo sostenibile, di occupazione, di tenore di vita, favorendo gli investimenti e la competitività e mantenendo la stabilità finanziaria e sono, altresì, orientati a contribuire allo sviluppo dei Paesi non membri.

In questa sede interessa, in particolar modo, il rapporto tra OCSE e paradisi fiscali; rapporto che si estrinseca principalmente attraverso le "famigerate" liste dei paradisi fiscali.

liste che, fino all'aprile del 2009 erano di tre categorie e colori: una nera, una grigia (a sua volta distinta in grigio e grigio chiaro) ed una bianca, strutturate in base alla gravità, contenenti le nazioni che non rispettavano (o rispettavano in parte, o in tutto) gli standard ed i protocolli internazionali richiesti[45].

La lista nera dei paradisi fiscali (*black list*), comprendente Costa Rica, Malesia, Filippine e Uruguay, annoverava quei Paesi che non si erano impegnati a rispettare gli standard internazionali circa la trasparenza delle transazioni, l'informazione e la tassazione.

---

[45] Caramignoli Germano, Giove Giovanni (2011), *Black List e paradisi fiscali*, Maggioli editore, Santarcangelo di Romagna (RN)

L'organizzazione citava inoltre diversi paesi (tra i quali San Marino) che non applicavano completamente le regole internazionali, cioè che non avevano stipulato gli accordi internazionali e/o i protocolli d'intesa o che li avevano siglati solo in parte minima e che per tali motivi aveva inserito in una lista mediana, di colore grigio (*grey list*) ed un'ulteriore di colore grigio chiaro (*light grey list*) nella quale aveva inserito i Paesi che più o meno ed in parte avevano siglato gli standard e gli accordi internazionali riguardo allo scambio di informazioni tra gli Stati.

Tra i Paesi in lista grigia figuravano:

Andorra	*Anguilla*	*Antigua*	*Barbuda*
Aruba	*Bahamas*	*Bahrein*	*Belize*
Bermuda	*Isole Vergini Brit.*	*Isole Cayman*	*Isola di Cook*
Dominica	*Gibilterra*	*Grenada*	*Liberia*
Liechtenstein	*Isole Marshall*	*Monaco*	*Montserrat*
Nauru	*Antille Olandesi*	*Niue*	*Panama*
Saint Kitts e Nevis	*Santa Lucia*	*Saint Vincent*	*Grenadine*
Samoa	*San Marino*	*Isole Turk e Caicos*	*Vanuatu*

Tra i paesi in lista grigio-chiaro figuravano:

Austria,	Belgio	Brunei	Cile
Guatemala	Lussemburgo	Singapore	Svizzera

In lista bianca, infine figuravano:

Argentina	Australia	Barbados	Canada
Cina	Cipro	Repubblica Ceca	Danimarca
Finlandia	Francia	Germania	Grecia
Guernesey	Ungheria	Islanda	Irlanda
Isola di Man	Italia	Giappone	Isola di Jersey
Corea	Malta	Mauritius	Messico
Olanda	Nuova Zelanda	Norvegia	Polonia,
Portogallo	Russia	Isole Seychelles	Repubblica Slovacca
Sudafrica	Spagna	Svezia	Turchia
Emirati Arabi Uniti	Regno Unito	Stati Uniti	Isole Vergini

vale a dire i Paesi che avevano seguito le direttive internazionali in materia di imposizione fiscale, trasparenza bancaria ed informazione, stipulando almeno 12 accordi e protocolli d'intesa conformi a queste regole.

Macao e Hong Kong, entrambi territori della Repubblica Cinese, si impegnarono nel 2009 a conformarsi agli standard internazionali e, in ragione di ciò, non furono più menzionati nella lista grigia.

La mattina del 7 aprile 2009, il segretario generale dell'OCSE, Angel Gurria, a Parigi (sede dell'OCSE) fece un annuncio storico affermando che i quattro Paesi che figuravano sulla "lista nera" dei paradisi fiscali (Uruguay, Costa Rica, Filippine e Malesia) avevano preso l'impegno di rispettare le norme fiscali internazionali e di procedere a scambi di informazioni in materia.

Di conseguenza, i quattro paesi furono esclusi dalla lista nera dell'OCSE, diffusa dopo il G20 di Londra, svoltosi una settimana prima a Londra.

Pochi giorni prima, il 13 marzo 2009, anche in questo caso l'evento ebbe una portata storica, la Svizzera cedeva alle pressioni internazionali e procedeva ad allentare il segreto bancario, prevedendo un'assistenza giudiziaria e amministrativa con gli altri Paesi, non soltanto e non più limitata alla frode fiscale ma estendendola anche all'elusione fiscale: la Confederazione Elvetica prendeva l'impegno solenne di rinegoziare gli accordi di doppia imposizione conclusi con ogni paese e si impegnava, altresì, a concluderne almeno dodici per uscire dalla "lista grigia" dei paradisi fiscali stabilita dall'OCSE.

Quindi con l'esclusione dalla lista nera da parte dell'OCSE degli ultimi quattro Paesi ancora rimasti e con la "rivoluzione" svizzera, dobbiamo intendere che non esistano più i paradisi fiscali? Naturalmente la risposta è: No.

Dopo le dure critiche mosse ai paradisi fiscali da parte dei leaders mondiali e la storica decisione dell'OCSE di non includere alcun Paese in lista nera, si è creata l'impressione che "il sistema "offshore" fosse stato, finalmente, smantellato, o quantomeno adeguatamente domato, ma, come abbiamo visto, è successo esattamente l'opposto, il sistema "offshore" gode di ottima salute e comprende in esso, ormai, anche Stati e territori un tempo insospettabili.

CAPITOLO X
Riciclaggio internazionale

A "latere" rispetto alle iniziative internazionali in ambito fiscale si pone l'azione svolta dalla *"Financial action task force"* (*GAFI: Group d'action financieres*) sul versante del contrasto al fenomeno del riciclaggio, il cd. *"money laundering"*, la cui attività si è progressivamente tradotta in una sorta di "conflitto bellico" tra i principali Stati ad elevato sviluppo finanziario e quei territori *offshore,* rinomati quali poli di attrazione dei capitali illeciti in virtù del loro ordinamento dalle maglie fin troppo larghe.

L'azione di contrasto al riciclaggio internazionale da parte del GAFI avviene attraverso la minaccia, paventata agli Stati "a rischio" di farli escludere dalle relazioni internazionali con i mercati finanziari qualora non predisponessero un assetto legislativo tale da disarticolare il radicamento di condotte di riciclaggio sul proprio territorio.

Il GAFI venne istituito nel luglio 1989 a Parigi, inizialmente con l'obiettivo di studiare le tecniche adottate dalla criminalità organizzata in materia di riciclaggio e di individuarne, in seguito, i rimedi e gli strumenti di contrasto.

Similmente all'OCSE, il GAFI stilò una prima *black list* degli ordinamenti *offshore* non conformi agli standard internazionali antiriciclaggio e che non consentivano una collaborazione in tale materia in tema di cooperazione internazionale e lotta contro il riciclaggio di denaro sporco[46].

Nella *black list* antiriciclaggio del 1989 erano ricompresi i seguenti quindici Paesi:

Isole Cayman	Isole Cook	Filippine	Libano
Israele	Naura	Niue	Panama

---

[46] Fuxa Diletta, (2008), *Lo scambio di informazioni e i regimi fiscali dannosi: recenti sviluppi in ambito OCSE*, in "Fiscalità internazionale" n. 3, pag. 209

Rep. Dominicana	Russia	Saint Kitts and Nevis	St Vincent Grenadine
Liechtenstein	Isole Bahamas	Isole Marshall	

Soltanto, però l'attentato dell'11 settembre alle *Twin Towers* di New York, diede alla comunità internazionale la lucida consapevolezza di quanto potesse essere insidioso il fenomeno illecito, svelando le strette e pericolose correlazioni con il finanziamento al terrorismo che si annidavano dietro le condotte di riciclaggio.

A tal proposito basti pensare ad "Al Qaeda" l'organizzazione criminale di Osama Bin Laden che, nel periodo tra il 1991 ed il 1996, aveva la disponibilità di conti correnti in Sudan presso la "Al Shamal Islamic Bank", istituto di credito che fungeva da corrispondente locale anche per il "Credit Lyonnaise", "Barclays" e "ABN AMRO".

Dall'attentato alle due torri in poi, quindi, l'azione anti riciclaggio si è affiancata all'azione anti terrorismo in modo da poter aumentare e scambiare le informazioni disponibili nei due rami delle indagini: ciò comportò l'adozione di controlli e di protocolli più rigidi, da rispettare, per i Paesi per non entrare a far parte delle *black list* del GAFI.

Nell'anno 2011, il GAFI ha reso noto, attraverso il *Public Statement* del 25 febbraio 2011 lo stato di avanzamento della disciplina anti riciclaggio in alcuni Stati "a rischio", distinguendo fra Paesi[47]:

> verso i quali il GAFI ha esortato i propri membri ad adottare contromisure per il contrasto del riciclaggio e del finanziamento al terrorismo, come Iran e Corea del Nord;

> oggetto di analisi da parte del GAFI in quanto la loro giurisdizione presenta alcune criticità, come Antigua, Barbuda, Bangladesh, Equador, Ghana, Grecia, Honduras, Indonesia,Marocco, Pakistan, Paraguay, Filippine, Sao Tomè, Sudan, Tanzania, Thailandia, Turkmenistan, Ucraina, Venezuela, Vietnam e Yemen;

> sotto analisi che non hanno dimostrato sufficiente progresso nell'attuazione del piano d'azione concordato con il GAFI, come Angola, Bolivia, Etipia, Kenya, Myanmar, Nepal, Nigeria, Sri Lanka, Siria, Trinidad e Tobago e Turchia.

Una precisazione a parte merita il "segreto bancario", vero e proprio principio cardine del sistema *offshore*, esso sembra davvero ineliminabile, tutti i tentativi fatti in tal senso sono risultati inutili.

---
[47] Caramignoli Germano, Giove Giovanni (2011), *Black List e paradisi fiscali*, Maggioli editore, Santarcangelo di Romagna (RN), pag. 57 e ss.

Perché è così "impossibile" aprire il "coperchio" di questa immensa "pentola" che, metaforicamente, costituisce il complesso dei luoghi "*off limit*" entro i quali non è possibile "sbirciare"?

Senza voler dare l'impressione di detenere la verità assoluta, a nostro parere il motivo è abbastanza semplice: il sistema offshore, infatti, non è dominato dalla Svizzera, dal Lussemburgo, dall'Irlanda etc. Paesi che, con tutto il rispetto, non possono determinare nulla nelle politiche mondiali, bensì da due superpotenze mondiali, in grado di determinare qualsiasi scelta a livello mondiale, sia essa economica, finanziaria, politica etc., ossia gli Stati Uniti ed il Regno Unito che utilizzano tali ingenti flussi finanziari per abbattere il proprio elevatissimo deficit pubblico.

Secondo un report del "*Global Financial Integrity*" (GFI)[48], solo nel 2008, all'incirca 1.200 miliardi di dollari di flussi finanziari sono approdati nei paradisi fiscali statunitensi del Delaware e del Nevada (ricordiamo che la segretezza bancaria assicurata in questi due Stati è superiore a quella delle banche svizzere) ed altrettante cifre stratosferiche possono essere ricondotte a flussi finanziari approdati nella City di Londra.

---

[48] GFI: Centro studi no profit con sede a Washington.

Il problema *tax haven*, pertanto, non è limitato a singoli Stati, disgiunti fra loro, come poteva essere agli albori di questo fenomeno, bensì riguarda due superpotenze, due super sistemi ramificati in network, che coinvolgono e governano quasi tutti gli altri micro paradisi fiscali mondiali e, per questi motivi, è un problema ormai di difficile soluzione.

Inoltre, anche le misure a contrasto di cui abbiamo trattato in questo capitolo, a ben vedere non riguardano direttamente i paradisi fiscali (e meno che meno gli Stati Uniti ed il Regno Unito) bensì i singoli soggetti che utilizzano i paradisi fiscali.

Le misure a contrasto, quindi, non sono globali e non vanno ad intaccare il sistema offshore in quanto fortezza bensì i singoli soggetti che vi si rifugiano: anche questo è uno dei motivi, a nostro parere, per cui il fenomeno dei paradisi fiscali è ben lungi dall'essere debellato.

Peraltro, in ultima analisi, anche i provvedimenti contro i singoli soggetti che utilizzano sistemi offshore sono irrisori: un esempio su tutti, nel 2009 la banca statunitense "Wachovia" fu accusata dal Governo americano di non aver predisposto un sistema efficace contro il riciclaggio di circa 12 miliardi di dollari, provenienti dal traffico di droga dal Messico e venne "punita" con la multa, irrisoria di 110 milioni di dollari alle autorità federali statunitensi per aver consentito una serie di transazioni collegate al contrabbando di droga dei"narcos" e ad un'altra irrisoria multa di ventidue milioni di dollari per non aver vigilato sul contante usato per una spedizione di ventidue tonnellate di cocaina: in totale la multa equivale all'incirca al due per cento della somma riciclato.

Le autorità fiscali, quindi, sono continuamente e costantemente alla ricerca di strumenti in grado di contrastare le nuove strategie di elusione fiscale e varano sistematicamente nuove leggi e regolamenti per proteggere e salvaguardare la base impositiva e la giusta imposizione fiscale.

Gli elusori facoltosi, dal canto loro ma con la complicità degli amministratori dei paradisi fiscali, escogitano continuamente strategie sempre più complesse per aggirare le nuove regole, dando vita a un gioco del "gatto col topo" in continua evoluzione che ha principalmente l'effetto di rendere il sistema fiscale sempre più complesso, sempre più di difficile osservanza e sempre più "smagliato".

Le giurisdizioni segrete, in questo "gioco", in queste smagliature del sistema fiscale, non fanno altro che modificare anch'esse continuamente e rapidamente le proprie leggi per consentire ai ricchi possidenti di perfezionare i loro "imbrogli" e restare sempre un passo avanti alle autorità fiscali.

Sempre restando in materia di cooperazione internazionale ed in materia di escamotage, c'è da registrare un'ultima forma "sofisticata" di segreto bancario, che consiste nel fatto che un paradiso fiscale sottoscrive un serio trattato di cooperazione fiscale internazionale che lo obbliga a scambiare informazioni con una giurisdizione estera, salvo poi dotarsi di strutture come ad esempio i famigerati "trust" britannici che gli garantiscono di non avere informazioni da comunicare.

Questo escamotage consente al paradiso fiscale di mantenere il suo regime di segretezza ma, additando i trattati, affermare di essere una giurisdizione trasparente e cooperativa.

Conclusione

A conclusione, tanto è stato fatto nel contrasto ai paradisi fiscali ma la strada da percorrere è ancora molto lunga e i paradisi fiscali sono ben lungi dall'essere "sconfitti". Soltanto, però, con lo scambio di informazioni tra i diversi Stati, soprattutto con quelli che sono più restii ad aprire i loro "cassetti" ai Paesi più industrializzati, apertura che comporta da parte loro prima di tutto un generale cambiamento culturale e strutturale, sarà possibile rendere sempre più incisiva l'azione di contrasto al fenomeno *offshore*.

Le diverse amministrazioni statali si trovano, quindi, costantemente di fronte al dilemma "Shakespeariano" della repressione o della tolleranza dei paradisi fiscali. Come è facilmente intuibile, le cifre in gioco sono enormi e la totale eliminazione dei paradisi fiscali, porterebbe non soltanto un danno alle organizzazioni criminali, scopo che è sicuramente da perseguire con tutte le forze e da tutti i paesi civilizzati e industrializzati, ma anche alle imprese che svolgono attività perfettamente legali nei territori offshore. Numerose imprese dovrebbero pagare più tasse e la minore disponibilità di capitali sicuramente inciderebbe sul lavoro, sulla manodopera, in generale sullo sviluppo economico, non solo dell'impresa offshore, ma anche dello stato in cui opera, con conseguenti e gravissimi problemi di carattere sociale. Il problema, infatti, è che toccare i paradisi fiscali significa minacciare consolidati interessi economici e finanziari e colpire giurisdizioni dipendenti o protette da grandi potenze. La difficoltà da affrontare è una realtà nella quale non esiste una cesura netta tra paradisi fiscali al servizio degli operatori privati e Stati di diritto dalla piena sovranità. La situazione è quindi molto complessa: il fenomeno dei paradisi fiscali è, da sempre, caratterizzato da questa insopprimibile contraddizione.

Bibliografia

Contrino Angelo, (1996), *Elusione fiscale, evasione e strumenti di contrasto*, Cisalpino, Bologna

Nobile Romano, (2002), *Paradisi fiscali: uno scippo planetario*, Edizioni Malatempora, Città di Castello (PG)

Garbarino Carlo, (2005), *Manuale di tassazione internazionale*, IPSOA Editore, Assago (MI)

Gaffur Alberto Maria, (2008), *La tassazione dei redditi d'impresa prodotti all'estero. Principi generali*, Giuffrè Editore, Milano

Marino Giuseppe, (2009), *Paradisi e paradossi fiscali. Il rovescio del diritto tributario internazionale*, Egea, Milano

Danieli Adriana, (2010), *Compendio di ragioneria applicata e tecnica professionale*, Edizioni Simone, Napoli

De Filippis Marcello, Rota Luigi, (2010) *I paradisi fiscali*, Uni Service, Trento

Gallo Sergio, (2010), *Elementi di diritto tributario*, Ed. Simone, Napoli

Lefebvre Francis, (2010), *Memento pratico fiscale*, IPSOA Editore, Assago (MI)

Caramignoli Germano, Giove Giovanni (2011), *Black List e paradisi fiscali*, Maggioli ed.Santarcangelo di Romagna (RN)

Masselli Alberto C., Masselli Andrea, (2012), *Transfer pricing. I prezzi di trasferimento internazionali. Fiscalità italiana e dei paesi OCSE e documentazione di supporto*, Il Sole 24 Ore ed., Milano

Valente Piergiorgio, (2012), *Manuale del transfer pricing*, IPSOA editore, Assago (MI)

Degregori Italo, (2012), *Paradisi Fiscali e Società Offshore*, Edizioni R.E.I., Nizza

Sitografia

Organizzazioni sovranazionali per il contrasto ai paradisi fiscali:

http://www.esteri.it/MAE/IT/Politica_Estera/Organizzazioni_Internazionali/OCSE.htm

Fatf-Gafi: *www.fatf-gafi.org*

E-commerce: http://giuriweb.unich.it/ecommerce/pf.php

Approfondimenti transfer pricing:

http://www.fiscoetasse.com/approfondimenti/10272-transfer-pricing.html

Sistema swift: www.swift.com

Report paradisi fiscali: http://www.bloomberg.com/

Sito web "Financial times":

http://www.ft.com/home/europe

Paradisi fiscali online:

http://www.paradisi-fiscali.org/ordine_servizi.php

Sito istituzionale dell'Agenzia delle Entrate:

www.agenziaentrate.gov.it

Sintesi legislazione comunitaria:

http://europa.eu/legislation_summaries/internal_market/living_and_working_in_the_internal_market/em0024_it.htm

Tiziano Bacarani
Laurea Magistrale in giurisprudenza
Laurea in economia e commercio
Master in studi giuridici comparati
Specializzando SSPL

Fotografia: Giuseppe Masala

www.ingramcontent.com/pod-product-compliance
Lightning Source LLC
Chambersburg PA
CBHW072211170526
45158CB00002BA/544